　平成 29 年 3 月に告示された中学校学習指導要領が，令和 3 年度から全面実施されます。

　今回の学習指導要領では，各教科等の目標及び内容が，育成を目指す資質・能力の三つの柱（「知識及び技能」，「思考力，判断力，表現力等」，「学びに向かう力，人間性等」）に沿って再整理され，各教科等でどのような資質・能力の育成を目指すのかが明確化されました。これにより，教師が「子供たちにどのような力が身に付いたか」という学習の成果を的確に捉え，主体的・対話的で深い学びの視点からの授業改善を図る，いわゆる「指導と評価の一体化」が実現されやすくなることが期待されます。

　また，子供たちや学校，地域の実態を適切に把握した上で教育課程を編成し，学校全体で教育活動の質の向上を図る「カリキュラム・マネジメント」についても明文化されました。カリキュラム・マネジメントの一側面として，「教育課程の実施状況を評価してその改善を図っていくこと」がありますが，このためには，教育課程を編成・実施し，学習評価を行い，学習評価を基に教育課程の改善・充実を図るという PDCA サイクルを確立することが重要です。このことも，まさに「指導と評価の一体化」のための取組と言えます。

　このように，「指導と評価の一体化」の必要性は，今回の学習指導要領において，より一層明確なものとなりました。そこで，国立教育政策研究所教育課程研究センターでは，「幼稚園，小学校，中学校，高等学校及び特別支援学校の学習指導要領等の改善及び必要な方策等について（答申）」（平成 28 年 12 月 21 日中央教育審議会）をはじめ，「児童生徒の学習評価の在り方について（報告）」（平成 31 年 1 月 21 日中央教育審議会初等中等教育分科会教育課程部会）や「小学校，中学校，高等学校及び特別支援学校等における児童生徒の学習評価及び指導要録の改善等について」（平成 31 年 3 月 29 日付初等中等教育局長通知）を踏まえ，このたび「『指導と評価の一体化』のための学習評価に関する参考資料」を作成しました。

　本資料では，学習評価の基本的な考え方や，各教科等における評価規準の作成及び評価の実施等について解説しているほか，各教科等別に単元や題材に基づく学習評価について事例を紹介しています。各学校においては，本資料や各教育委員会等が示す学習評価に関する資料などを参考としながら，学習評価を含むカリキュラム・マネジメントを円滑に進めていただくことで，「指導と評価の一体化」を実現し，子供たちに未来の創り手となるために必要な資質・能力が育まれることを期待します。

　最後に，本資料の作成に御協力くださった方々に心から感謝の意を表します。

　令和 2 年 3 月

JN055239

国立教育政策研究所
教育課程研究センター長
　　笹　井　弘　之

目次

※本冊子については，改訂後の常用漢字表（平成22年11月30日内閣告示）に基づいて表記しています。(学習指導要領及び初等中等教育局長通知等の引用部分を除く)

第1編

総説

第1編　総説

本編においては，以下の資料について，それぞれ略称を用いることとする。

答申：「幼稚園，小学校，中学校，高等学校及び特別支援学校の学習指導要領等の改善
　　　及び必要な方策等について（答申）」　平成28年12月21日　中央教育審議会
報告：「児童生徒の学習評価の在り方について（報告）」　平成31年1月21日　中央教
　　　育審議会　初等中等教育分科会　教育課程部会
改善等通知：「小学校，中学校，高等学校及び特別支援学校等における児童生徒の学習
　　　評価及び指導要録の改善等について（通知）」　平成31年3月29日　初等中等
　　　教育局長通知

第1章　平成29年改訂を踏まえた学習評価の改善

1　はじめに

　学習評価は，学校における教育活動に関し，児童生徒の学習状況を評価するものである。答申にもあるとおり，児童生徒の学習状況を的確に捉え，教師が指導の改善を図るとともに，児童生徒が自らの学びを振り返って次の学びに向かうことができるようにするためには，学習評価の在り方が極めて重要である。

　各教科等の評価については，学習状況を分析的に捉える「観点別学習状況の評価」と「評定」が学習指導要領に定める目標に準拠した評価として実施するものとされている[1]。観点別学習状況の評価とは，学校における児童生徒の学習状況を，複数の観点から，それぞれの観点ごとに分析する評価のことである。児童生徒が各教科等での学習において，どの観点で望ましい学習状況が認められ，どの観点に課題が認められるかを明らかにすることにより，具体的な学習や指導の改善に生かすことを可能とするものである。各学校において目標に準拠した観点別学習状況の評価を行うに当たっては，観点ごとに評価規準を定める必要がある。評価規準とは，観点別学習状況の評価を的確に行うため，学習指導要領に示す目標の実現の状況を判断するよりどころを表現したものである。本参考資料は，観点別学習状況の評価を実施する際に必要となる評価規準等，学習評価を行うに当たって参考となる情報をまとめたものである。

　以下，文部省指導資料から，評価規準について解説した部分を参考として引用する。

---

[1] 各教科の評価については，観点別学習状況の評価と，これらを総括的に捉える「評定」の両方について実施するものとされており，観点別学習状況の評価や評定には示しきれない児童生徒の一人一人のよい点や可能性，進歩の状況については，「個人内評価」として実施するものとされている。（P.6～11に後述）

（参考）評価規準の設定（抄）

（文部省「小学校教育課程一般指導資料」（平成5年9月）より）

新しい指導要録（平成3年改訂）では，観点別学習状況の評価が効果的に行われるようにするために，「各観点ごとに学年ごとの評価規準を設定するなどの工夫を行うこと」と示されています。

これまでの指導要録においても，観点別学習状況の評価を適切に行うため，「観点の趣旨を学年別に具体化することなどについて工夫を加えることが望ましいこと」とされており，教育委員会や学校では目標の達成の度合いを判断するための基準や尺度などの設定について研究が行われてきました。

しかし，それらは，ともすれば知識・理解の評価が中心になりがちであり，また「目標を十分達成（＋）」，「目標をおおむね達成（空欄）」及び「達成が不十分（－）」ごとに詳細にわたって設定され，結果としてそれを単に数量的に処理することに陥りがちであったとの指摘がありました。

今回の改訂においては，学習指導要領が目指す学力観に立った教育の実践に役立つようにすることを改訂方針の一つとして掲げ，各教科の目標に照らしてその実現の状況を評価する観点別学習状況を各教科の学習の評価の基本に据えることとしました。したがって，評価の観点についても，学習指導要領に示す目標との関連を密にして設けられています。

このように，学習指導要領が目指す学力観に立つ教育と指導要録における評価とは一体のものであるとの考え方に立って，各教科の目標の実現の状況を「関心・意欲・態度」，「思考・判断・表現」，「技能・表現（または技能）」及び「知識・理解」の観点ごとに適切に評価するため，「評価規準を設定する」ことを明確に示しているものです。

「評価規準」という用語については，先に述べたように，新しい学力観に立って子供たちが自ら獲得し身に付けた資質や能力の質的な面，すなわち，学習指導要領の目標に基づく幅のある資質や能力の育成の実現状況の評価を目指すという意味から用いたものです。

2 平成29年改訂を踏まえた学習評価の意義
（1）学習評価の充実

平成29年改訂小・中学校学習指導要領総則においては，学習評価の充実について新たに項目が置かれた。具体的には，学習評価の目的等について以下のように示し，単元や題材など内容や時間のまとまりを見通しながら，児童生徒の主体的・対話的で深い学びの実現に向けた授業改善を行うと同時に，評価の場面や方法を工夫して，学習の過程や成果を評価することを示し，授業の改善と評価の改善を両輪として行っていくことの必要性を明示した。

・生徒のよい点や進歩の状況などを積極的に評価し，学習したことの意義や価値を実感できるようにすること。また，各教科等の目標の実現に向けた学習状況を把握する観点から，単元や題材など内容や時間のまとまりを見通しながら評価の場面や方法を工夫して，学習の過程や成果を評価し，指導の改善や学習意欲の向上を図り，資質・能力の育成に生かすようにすること。
・創意工夫の中で学習評価の妥当性や信頼性が高められるよう，組織的かつ計画的な取組を推進するとともに，学年や学校段階を越えて生徒の学習の成果が円滑に接続されるように工夫すること。

（中学校学習指導要領第1章総則　第3教育課程の実施と学習評価　2学習評価の充実）
（小学校学習指導要領にも同旨）

（2）カリキュラム・マネジメントの一環としての指導と評価

　　各学校における教育活動の多くは，学習指導要領等に従い児童生徒や地域の実態を踏まえて編成された教育課程の下，指導計画に基づく授業（学習指導）として展開される。各学校では，児童生徒の学習状況を評価し，その結果を児童生徒の学習や教師による指導の改善や学校全体としての教育課程の改善等に生かしており，学校全体として組織的かつ計画的に教育活動の質の向上を図っている。このように，「学習指導」と「学習評価」は学校の教育活動の根幹に当たり，教育課程に基づいて組織的かつ計画的に教育活動の質の向上を図る「カリキュラム・マネジメント」の中核的な役割を担っている。

（3）主体的・対話的で深い学びの視点からの授業改善と評価

　　指導と評価の一体化を図るためには，児童生徒一人一人の学習の成立を促すための評価という視点を一層重視し，教師が自らの指導のねらいに応じて授業での児童生徒の学びを振り返り，学習や指導の改善に生かしていくことが大切である。すなわち，平成29年改訂学習指導要領で重視している「主体的・対話的で深い学び」の視点からの授業改善を通して各教科等における資質・能力を確実に育成する上で，学習評価は重要な役割を担っている。

（4）学習評価の改善の基本的な方向性

　　（1）～（3）で述べたとおり，学習指導要領改訂の趣旨を実現するためには，学習評価の在り方が極めて重要であり，すなわち，学習評価を真に意味のあるものとし，指導と評価の一体化を実現することがますます求められている。

　　このため，報告では，以下のように学習評価の改善の基本的な方向性が示された。

　① 児童生徒の学習改善につながるものにしていくこと

　② 教師の指導改善につながるものにしていくこと

　③ これまで慣行として行われてきたことでも，必要性・妥当性が認められないものは見直していくこと

3　平成29年改訂を受けた評価の観点の整理

　　平成29年改訂学習指導要領においては，知・徳・体にわたる「生きる力」を児童生徒に育むために「何のために学ぶのか」という各教科等を学ぶ意義を共有しながら，授業の創意工夫や教科書等の教材の改善を引き出していくことができるようにするため，全ての教科等の目標及び内容を「知識及び技能」，「思考力，判断力，表現力等」，「学びに向かう力，人間性等」の育成を目指す資質・能力の三つの柱で再整理した（図1参照）。知・徳・体のバランスのとれた「生きる力」を育むことを目指すに当たっては，各教科等の指導を通してどのような資質・能力の育成を目指すのかを明確にしながら教育活動の充実を図ること，その際には，児童生徒の発達の段階や特性を踏まえ，資質・能力の三つの柱の育成がバランスよく実現できるよう留意する必要がある。

図1

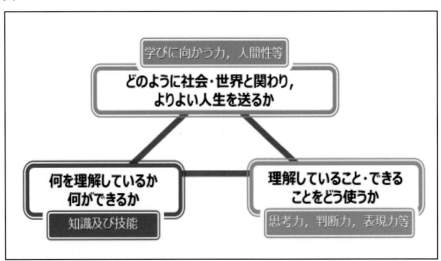

　　観点別学習状況の評価については，こうした教育目標や内容の再整理を踏まえて，小・中・高等学校の各教科を通じて，4観点から3観点に整理された。（図2参照）

図2

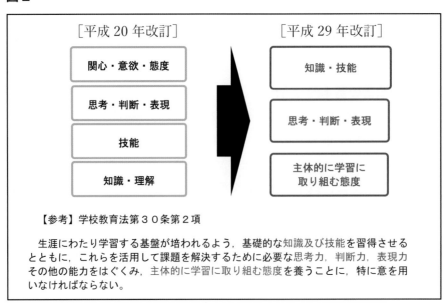

4　平成29年改訂学習指導要領における各教科の学習評価

　　各教科の学習評価においては，平成29年改訂においても，学習状況を分析的に捉える「観点別学習状況の評価」と，これらを総括的に捉える「評定」の両方について，学習指導要領に定める目標に準拠した評価として実施するものとされた。改善等通知では，以下のように示されている。

【小学校児童指導要録】

　［各教科の学習の記録］

　Ⅰ　観点別学習状況

　　学習指導要領に示す各教科の目標に照らして，その実現状況を観点ごとに評価し記入する。その際，

　　　　「十分満足できる」状況と判断されるもの：A

　　　　「おおむね満足できる」状況と判断されるもの：B

　　　　「努力を要する」状況と判断されるもの：C

　のように区別して評価を記入する。

　Ⅱ　評定（第3学年以上）

　　各教科の評定は，学習指導要領に示す各教科の目標に照らして，その実現状況を，

　　　　「十分満足できる」状況と判断されるもの：3

　　　　「おおむね満足できる」状況と判断されるもの：2

　　　　「努力を要する」状況と判断されるもの：1

　のように区別して評価を記入する。

　　評定は各教科の学習の状況を総括的に評価するものであり，「観点別学習状況」において掲げられた観点は，分析的な評価を行うものとして，各教科の評定を行う場合において基本的な要素となるものであることに十分留意する。その際，評定の適切な決定方法等については，各学校において定める。

【中学校生徒指導要録】

（学習指導要領に示す必修教科の取扱いは次のとおり）

　［各教科の学習の記録］

　Ⅰ　観点別学習状況（小学校児童指導要録と同じ）

　　学習指導要領に示す各教科の目標に照らして，その実現状況を観点ごとに評価し記入する。その際，

　　　　「十分満足できる」状況と判断されるもの：A

　　　　「おおむね満足できる」状況と判断されるもの：B

　　　　「努力を要する」状況と判断されるもの：C

　のように区別して評価を記入する。

　Ⅱ　評定

　　各教科の評定は，学習指導要領に示す各教科の目標に照らして，その実現状況を，

「十分満足できるもののうち，特に程度が高い」状況と判断されるもの：5

「十分満足できる」状況と判断されるもの：4

「おおむね満足できる」状況と判断されるもの：3

「努力を要する」状況と判断されるもの：2

「一層努力を要する」状況と判断されるもの：1

のように区別して評価を記入する。

　評定は各教科の学習の状況を総括的に評価するものであり，「観点別学習状況」において掲げられた観点は，分析的な評価を行うものとして，各教科の評定を行う場合において基本的な要素となるものであることに十分留意する。その際，評定の適切な決定方法等については，各学校において定める。

　また，観点別学習状況の評価や評定には示しきれない児童生徒一人一人のよい点や可能性，進歩の状況については，「個人内評価」として実施するものとされている。改善等通知においては，「観点別学習状況の評価になじまず個人内評価の対象となるものについては，児童生徒が学習したことの意義や価値を実感できるよう，日々の教育活動等の中で児童生徒に伝えることが重要であること。特に『学びに向かう力，人間性等』のうち『感性や思いやり』など児童生徒一人一人のよい点や可能性，進歩の状況などを積極的に評価し児童生徒に伝えることが重要であること。」と示されている。

　「3　平成29年改訂を受けた評価の観点の整理」も踏まえて各教科における評価の基本構造を図示化すると，以下のようになる。（図3参照）

図3

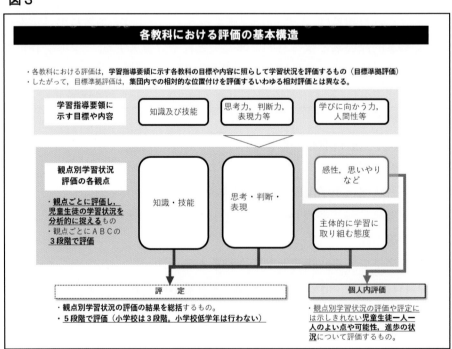

上記の，「各教科における評価の基本構造」を踏まえた3観点の評価それぞれについて

の考え方は、以下の（1）〜（3）のとおりとなる。なお、この考え方は、外国語活動（小学校），総合的な学習の時間，特別活動においても同様に考えることができる。

（1）「知識・技能」の評価について

　「知識・技能」の評価は，各教科等における学習の過程を通した知識及び技能の習得状況について評価を行うとともに，それらを既有の知識及び技能と関連付けたり活用したりする中で，他の学習や生活の場面でも活用できる程度に概念等を理解したり，技能を習得したりしているかについても評価するものである。

　「知識・技能」におけるこのような考え方は，従前の「知識・理解」（各教科等において習得すべき知識や重要な概念等を理解しているかを評価），「技能」（各教科等において習得すべき技能を身に付けているかを評価）においても重視してきたものである。

　具体的な評価の方法としては，ペーパーテストにおいて，事実的な知識の習得を問う問題と，知識の概念的な理解を問う問題とのバランスに配慮するなどの工夫改善を図るとともに，例えば，児童生徒が文章による説明をしたり，各教科等の内容の特質に応じて，観察・実験したり，式やグラフで表現したりするなど，実際に知識や技能を用いる場面を設けるなど，多様な方法を適切に取り入れていくことが考えられる。

（2）「思考・判断・表現」の評価について

　「思考・判断・表現」の評価は，各教科等の知識及び技能を活用して課題を解決する等のために必要な思考力，判断力，表現力等を身に付けているかを評価するものである。

　「思考・判断・表現」におけるこのような考え方は，従前の「思考・判断・表現」の観点においても重視してきたものである。「思考・判断・表現」を評価するためには，教師は「主体的・対話的で深い学び」の視点からの授業改善を通じ，児童生徒が思考・判断・表現する場面を効果的に設計した上で，指導・評価することが求められる。

　具体的な評価の方法としては，ペーパーテストのみならず，論述やレポートの作成，発表，グループでの話合い，作品の制作や表現等の多様な活動を取り入れたり，それらを集めたポートフォリオを活用したりするなど評価方法を工夫することが考えられる。

（3）「主体的に学習に取り組む態度」の評価について

　答申において「学びに向かう力，人間性等」には，①「主体的に学習に取り組む態度」として観点別学習状況の評価を通じて見取ることができる部分と，②観点別学習状況の評価や評定にはなじまず，こうした評価では示しきれないことから個人内評価を通じて見取る部分があることに留意する必要があるとされている。すなわち，②については観点別学習状況の評価の対象外とする必要がある。

　「主体的に学習に取り組む態度」の評価に際しては，単に継続的な行動や積極的な発言を行うなど，性格や行動面の傾向を評価するということではなく，各教科等の「主体的に学習に取り組む態度」に係る観点の趣旨に照らして，知識及び技能を習得したり，

思考力，判断力，表現力等を身に付けたりするために，自らの学習状況を把握し，学習の進め方について試行錯誤するなど自らの学習を調整しながら，学ぼうとしているかどうかという意思的な側面を評価することが重要である。

　従前の「関心・意欲・態度」の観点も，各教科等の学習内容に関心をもつことのみならず，よりよく学ぼうとする意欲をもって学習に取り組む態度を評価するという考え方に基づいたものであり，この点を「主体的に学習に取り組む態度」として改めて強調するものである。

　本観点に基づく評価は，「主体的に学習に取り組む態度」に係る各教科等の評価の観点の趣旨に照らして，

①　知識及び技能を獲得したり，思考力，判断力，表現力等を身に付けたりすることに向けた粘り強い取組を行おうとしている側面

②　①の粘り強い取組を行う中で，自らの学習を調整しようとする側面

という二つの側面を評価することが求められる[2]。（図４参照）

　ここでの評価は，児童生徒の学習の調整が「適切に行われているか」を必ずしも判断するものではなく，学習の調整が知識及び技能の習得などに結び付いていない場合には，教師が学習の進め方を適切に指導することが求められる。

　具体的な評価の方法としては，ノートやレポート等における記述，授業中の発言，教師による行動観察や児童生徒による自己評価や相互評価等の状況を，教師が評価を行う際に考慮する材料の一つとして用いることなどが考えられる。

図４

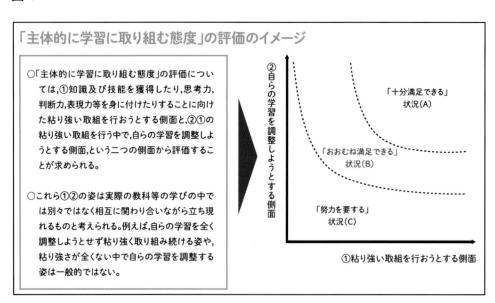

───────────────

[2]　これら①②の姿は実際の教科等の学びの中では別々ではなく相互に関わり合いながら立ち現れるものと考えられることから，実際の評価の場面においては，双方の側面を一体的に見取ることも想定される。例えば，自らの学習を全く調整しようとせず粘り強く取り組み続ける姿や，粘り強さが全くない中で自らの学習を調整する姿は一般的ではない。

なお，学習指導要領の「2　内容」に記載のない「主体的に学習に取り組む態度」の評価については，後述する第2章1（2）を参照のこと[3]。

5　改善等通知における特別の教科 道徳，外国語活動（小学校），総合的な学習の時間，特別活動の指導要録の記録

改善等通知においては，各教科の学習の記録とともに，以下の（1）〜（4）の各教科等の指導要録における学習の記録について以下のように示されている。

（1）特別の教科 道徳について

中学校等については，改善等通知別紙2に，「道徳の評価については，28文科初第604号「学習指導要領の一部改正に伴う小学校，中学校及び特別支援学校小学部・中学部における児童生徒の学習評価及び指導要録の改善等について（通知）」に基づき，学習活動における生徒の学習状況や道徳性に係る成長の様子を個人内評価として文章で端的に記述する」こととされている（小学校等についても別紙1に同旨）。

（2）外国語活動について（小学校）

改善等通知には，「外国語活動の記録については，評価の観点を記入した上で，それらの観点に照らして，児童の学習状況に顕著な事項がある場合にその特徴を記入する等，児童にどのような力が身に付いたかを文章で端的に記述すること」とされている。また，「評価の観点については，設置者は，小学校学習指導要領等に示す外国語活動の目標を踏まえ，改善等通知別紙4を参考に設定する」こととされている。

（3）総合的な学習の時間について

中学校等については，改善等通知別紙2に，「総合的な学習の時間の記録については，この時間に行った学習活動及び各学校が自ら定めた評価の観点を記入した上で，それらの観点のうち，生徒の学習状況に顕著な事項がある場合などにその特徴を記入する等，生徒にどのような力が身に付いたかを文章で端的に記述すること」とされている。また，「評価の観点については，各学校において具体的に定めた目標，内容に基づいて別紙4を参考に定めること」とされている（小学校等についても別紙1に同旨）。

---

[3] 各教科等によって，評価の対象に特性があることに留意する必要がある。例えば，体育・保健体育科の運動に関する領域においては，公正や協力などを，育成する「態度」として学習指導要領に位置付けており，各教科等の目標や内容に対応した学習評価が行われることとされている。

（4）特別活動について

中学校等については，改善等通知別紙2に，「特別活動の記録については，各学校が自ら定めた特別活動全体に係る評価の観点を記入した上で，各活動・学校行事ごとに，評価の観点に照らして十分満足できる活動の状況にあると判断される場合に，〇印を記入する」とされている。また，「評価の観点については，学習指導要領等に示す特別活動の目標を踏まえ，各学校において改善等通知別紙4を参考に定める。その際，特別活動の特質や学校として重点化した内容を踏まえ，例えば『主体的に生活や人間関係をよりよくしようとする態度』などのように，より具体的に定めることも考えられる。記入に当たっては，特別活動の学習が学校や学級における集団活動や生活を対象に行われるという特質に留意する」とされている（小学校等についても別紙1に同旨）。

なお，特別活動は学級担任以外の教師が指導する活動が多いことから，評価体制を確立し，共通理解を図って，児童生徒のよさや可能性を多面的・総合的に評価するとともに，確実に資質・能力が育成されるよう指導の改善に生かすことが求められる。

6　障害のある児童生徒の学習評価について

学習評価に関する基本的な考え方は，障害のある児童生徒の学習評価についても変わるものではない。

障害のある児童生徒については，特別支援学校等の助言又は援助を活用しつつ，個々の児童生徒の障害の状態や特性及び心身の発達の段階に応じた指導内容や指導方法の工夫を行い，その評価を適切に行うことが必要である。また，指導内容や指導方法の工夫については，学習指導要領の各教科の「指導計画の作成と内容の取扱い」の「指導計画作成上の配慮事項」の「障害のある児童生徒への配慮についての事項」についての学習指導要領解説も参考となる。

7　評価の方針等の児童生徒や保護者への共有について

学習評価の妥当性や信頼性を高めるとともに，児童生徒自身に学習の見通しをもたせるために，学習評価の方針を事前に児童生徒と共有する場面を必要に応じて設けることが求められており，児童生徒に評価の結果をフィードバックする際にも，どのような方針によって評価したのかを改めて児童生徒に共有することも重要である。

また，新学習指導要領下での学習評価の在り方や基本方針等について，様々な機会を捉えて保護者と共通理解を図ることが非常に重要である。

第2章 学習評価の基本的な流れ

1 各教科における評価規準の作成及び評価の実施等について

（1）目標と観点の趣旨との対応関係について

　　　評価規準の作成に当たっては，各学校の実態に応じて目標に準拠した評価を行うために，「評価の観点及びその趣旨[4]」が各教科等の目標を踏まえて作成されていること，また同様に，「学年別（又は分野別）の評価の観点の趣旨[5]」が学年（又は分野）の目標を踏まえて作成されていることを確認することが必要である。

　　　なお，「主体的に学習に取り組む態度」の観点は，教科等及び学年（又は分野）の目標の（3）に対応するものであるが，観点別学習状況の評価を通じて見取ることができる部分をその内容として整理し，示していることを確認することが必要である。(図5，6参照)

図5

【学習指導要領「教科の目標」】

学習指導要領　各教科等の「第1　目標」

(1)	(2)	(3)
（知識及び技能に関する目標）	（思考力，判断力，表現力等に関する目標）	（学びに向かう力，人間性等に関する目標）[6]

【改善等通知「評価の観点及びその趣旨」】

改善等通知　別紙4　評価の観点及びその趣旨

観点	知識・技能	思考・判断・表現	主体的に学習に取り組む態度
趣旨	（知識・技能の観点の趣旨）	（思考・判断・表現の観点の趣旨）	（主体的に学習に取り組む態度の観点の趣旨）

[4] 各教科等の学習指導要領の目標の規定を踏まえ，観点別学習状況の評価の対象とするものについて整理したものが教科等の観点の趣旨である。

[5] 各学年（又は分野）の学習指導要領の目標を踏まえ，観点別学習状況の評価の対象とするものについて整理したものが学年別（又は分野別）の観点の趣旨である。

[6] 学びに向かう力，人間性等に関する目標には，個人内評価として実施するものも含まれている。（P.8 図3参照）※学年（又は分野）の目標についても同様である。

第1編

- 13 -

図6
【学習指導要領「学年（又は分野）の目標」】
　学習指導要領　各教科等の「第2　各学年の目標及び内容」の学年ごとの「1　目標」

(1)	(2)	(3)
（知識及び技能に関する目標）	（思考力，判断力，表現力等に関する目標）	（学びに向かう力，人間性等に関する目標）

⬇ ⬇ ⬇

【改善等通知　別紙4「学年別（又は分野別）の評価の観点の趣旨」】

観点	知識・技能	思考・判断・表現	主体的に学習に取り組む態度
趣旨	（知識・技能の観点の趣旨）	（思考・判断・表現の観点の趣旨）	（主体的に学習に取り組む態度の観点の趣旨）

（2）「内容のまとまりごとの評価規準」とは

　本参考資料では，評価規準の作成等について示す。具体的には，学習指導要領の規定から「内容のまとまりごとの評価規準」を作成する際の手順を示している。ここでの「内容のまとまり」とは，学習指導要領に示す各教科等の「第2　各学年の目標及び内容　2　内容」の項目等をそのまとまりごとに細分化したり整理したりしたものである[7]。平成29年改訂学習指導要領においては資質・能力の三つの柱に基づく構造化が行われたところであり，基本的には，学習指導要領に示す各教科等の「第2　各学年（分野）の目標及び内容」の「2　内容」において[8]，「内容のまとまり」ごとに育成を目指す資質・

---

[7] 各教科等の学習指導要領の「第3　指導計画の作成と内容の取扱い」1(1)に「単元（題材）などの内容や時間のまとまり」という記載があるが，この「内容や時間のまとまり」と，本参考資料における「内容のまとまり」は同義ではないことに注意が必要である。前者は，主体的・対話的で深い学びを実現するため，主体的に学習に取り組めるよう学習の見通しを立てたり学習したことを振り返ったりして自身の学びや変容を自覚できる場面をどこに設定するか，対話によって自分の考えなどを広げたり深めたりする場面をどこに設定するか，学びの深まりをつくりだすために，児童生徒が考える場面と教師が教える場面をどのように組み立てるか，といった視点による授業改善は，1単位時間の授業ごとに考えるのではなく，単元や題材などの一定程度のまとまりごとに検討されるべきであることが示されたものである。後者（本参考資料における「内容のまとまり」）については，本文に述べるとおりである。

[8] 小学校家庭においては，「第2　各学年の内容」，「1　内容」，小学校外国語・外国語活動，中学校外国語においては，「第2　各言語の目標及び内容等」，「1　目標」である。

能力が示されている。このため,「2 内容」の記載はそのまま学習指導の目標となりうるものである[9]。学習指導要領の目標に照らして観点別学習状況の評価を行うに当たり,児童生徒が資質・能力を身に付けた状況を表すために,「2 内容」の記載事項の文末を「～すること」から「～している」と変換したもの等を,本参考資料において「内容のまとまりごとの評価規準」と呼ぶこととする[10]。

ただし,「主体的に学習に取り組む態度」に関しては,特に,児童生徒の学習への継続的な取組を通して現れる性質を有すること等から[11],「2 内容」に記載がない[12]。そのため,各学年（又は分野）の「1 目標」を参考にしつつ,必要に応じて,改善等通知別紙4に示された学年（又は分野）別の評価の観点の趣旨のうち「主体的に学習に取り組む態度」に関わる部分を用いて「内容のまとまりごとの評価規準」を作成する必要がある。

なお,各学校においては,「内容のまとまりごとの評価規準」の考え方を踏まえて,学習評価を行う際の評価規準を作成する。

（3）「内容のまとまりごとの評価規準」を作成する際の基本的な手順

各教科における,「内容のまとまりごとの評価規準」を作成する際の基本的な手順は以下のとおりである。

学習指導要領に示された教科及び学年（又は分野）の目標を踏まえて,「評価の観点及びその趣旨」が作成されていることを理解した上で,

① 各教科における「内容のまとまり」と「評価の観点」との関係を確認する。

② 【観点ごとのポイント】を踏まえ,「内容のまとまりごとの評価規準」を作成する。

---

[9] 「2 内容」において示されている指導事項等を整理することで「内容のまとまり」を構成している教科もある。この場合は,整理した資質・能力をもとに,構成された「内容のまとまり」に基づいて学習指導の目標を設定することとなる。また,目標や評価規準の設定は,教育課程を編成する主体である各学校が,学習指導要領に基づきつつ児童生徒や学校,地域の実情に応じて行うことが必要である。

[10] 小学校家庭,中学校技術・家庭（家庭分野）については,学習指導要領の目標及び分野の目標の（2）に思考力・判断力・表現力等の育成に係る学習過程が記載されているため,これらを踏まえて「内容のまとまりごとの評価規準」を作成する必要がある。

[11] 各教科等の特性によって単元や題材など内容や時間のまとまりはさまざまであることから,評価を行う際は,それぞれの実現状況が把握できる段階について検討が必要である。

[12] 各教科等によって,評価の対象に特性があることに留意する必要がある。例えば,体育・保健体育科の運動に関する領域においては,公正や協力などを,育成する「態度」として学習指導要領に位置付けており,各教科等の目標や内容に対応した学習評価が行われることとされている。

①，②については，第2編において詳述する。同様に，【観点ごとのポイント】についても，第2編に各教科等において示している。

（4）評価の計画を立てることの重要性

学習指導のねらいが児童生徒の学習状況として実現されたかについて，評価規準に照らして観察し，毎時間の授業で適宜指導を行うことは，育成を目指す資質・能力を児童生徒に育むためには不可欠である。その上で，評価規準に照らして，観点別学習状況の評価をするための記録を取ることになる。そのためには，いつ，どのような方法で，児童生徒について観点別学習状況を評価するための記録を取るのかについて，評価の計画を立てることが引き続き大切である。

毎時間児童生徒全員について記録を取り，総括の資料とするために蓄積することは現実的ではないことからも，児童生徒全員の学習状況を記録に残す場面を精選し，かつ適切に評価するための評価の計画が一層重要になる。

（5）観点別学習状況の評価に係る記録の総括

適切な評価の計画の下に得た，児童生徒の観点別学習状況の評価に係る記録の総括の時期としては，単元（題材）末，学期末，学年末等の節目が考えられる。

総括を行う際，観点別学習状況の評価に係る記録が，観点ごとに複数ある場合は，例えば，次のような方法が考えられる。

・ 評価結果のＡ，Ｂ，Ｃの数を基に総括する場合

何回か行った評価結果のＡ，Ｂ，Ｃの数が多いものが，その観点の学習の実施状況を最もよく表現しているとする考え方に立つ総括の方法である。例えば，3回評価を行った結果が「ＡＢＢ」ならばＢと総括することが考えられる。なお，「ＡＡＢＢ」の総括結果をＡとするかＢとするかなど，同数の場合や三つの記号が混在する場合の総括の仕方をあらかじめ各学校において決めておく必要がある。

・ 評価結果のＡ，Ｂ，Ｃを数値に置き換えて総括する場合

何回か行った評価結果Ａ，Ｂ，Ｃを，例えばＡ＝3，Ｂ＝2，Ｃ＝1のように数値によって表し，合計したり平均したりする総括の方法である。例えば，総括の結果をＢとする範囲を［2.5≧平均値≧1.5］とすると，「ＡＢＢ」の平均値は，約2.3［（3＋2＋2）÷3］で総括の結果はＢとなる。

なお，評価の各節目のうち特定の時点に重きを置いて評価を行う場合など，この例のような平均値による方法以外についても様々な総括の方法が考えられる。

（6）観点別学習状況の評価の評定への総括

評定は，各教科の観点別学習状況の評価を総括した数値を示すものである。評定は，児童生徒がどの教科の学習に望ましい学習状況が認められ，どの教科の学習に課題が

認められるのかを明らかにすることにより，教育課程全体を見渡した学習状況の把握と指導や学習の改善に生かすことを可能とするものである。

評定への総括は，学期末や学年末などに行われることが多い。学年末に評定へ総括する場合には，学期末に総括した評定の結果を基にする場合と，学年末に観点ごとに総括した結果を基にする場合が考えられる。

観点別学習状況の評価の評定への総括は，各観点の評価結果をＡ，Ｂ，Ｃの組合せ，又は，Ａ，Ｂ，Ｃを数値で表したものに基づいて総括し，その結果を小学校では３段階，中学校では５段階で表す。

Ａ，Ｂ，Ｃの組合せから評定に総括する場合，各観点とも同じ評価がそろう場合は，小学校については，「ＢＢＢ」であれば２を基本としつつ，「ＡＡＡ」であれば３，「ＣＣＣ」であれば１とするのが適当であると考えられる。中学校については，「ＢＢＢ」であれば３を基本としつつ，「ＡＡＡ」であれば５又は４，「ＣＣＣ」であれば２又は１とするのが適当であると考えられる。それ以外の場合は，各観点のＡ，Ｂ，Ｃの数の組合せから適切に評定することができるようあらかじめ各学校において決めておく必要がある。

なお，観点別学習状況の評価結果は，「十分満足できる」状況と判断されるものをＡ，「おおむね満足できる」状況と判断されるものをＢ，「努力を要する」状況と判断されるものをＣのように表されるが，そこで表された学習の実現状況には幅があるため，機械的に評定を算出することは適当ではない場合も予想される。

また，評定は，小学校については，小学校学習指導要領等に示す各教科の目標に照らして，その実現状況を「十分満足できる」状況と判断されるものを３，「おおむね満足できる」状況と判断されるものを２，「努力を要する」状況と判断されるものを１，中学校については，中学校学習指導要領等に示す各教科の目標に照らして，その実現状況を「十分満足できるもののうち，特に程度が高い」状況と判断されるものを５，「十分満足できる」状況と判断されるものを４，「おおむね満足できる」状況と判断されるものを３，「努力を要する」状況と判断されるものを２，「一層努力を要する」状況と判断されるものを１という数値で表される。しかし，この数値を児童生徒の学習状況について三つ（小学校）又は五つ（中学校）に分類したものとして捉えるのではなく，常にこの結果の背景にある児童生徒の具体的な学習の実現状況を思い描き，適切に捉えることが大切である。評定への総括に当たっては，このようなことも十分に検討する必要がある[13]。

なお，各学校では観点別学習状況の評価の観点ごとの総括及び評定への総括の考え

---

[13] 改善等通知では，「評定は各教科の学習の状況を総括的に評価するものであり，『観点別学習状況』において掲げられた観点は，分析的な評価を行うものとして，各教科の評定を行う場合において基本的な要素となるものであることに十分留意する。その際，評定の適切な決定方法等については，各学校において定める。」と示されている。（P.7， 8参照）

方や方法について，教師間で共通理解を図り，児童生徒及び保護者に十分説明し理解を得ることが大切である。

2　総合的な学習の時間における評価規準の作成及び評価の実施等について

（1）総合的な学習の時間の「評価の観点」について

　平成29年改訂学習指導要領では，各教科等の目標や内容を「知識及び技能」，「思考力，判断力，表現力等」，「学びに向かう力，人間性等」の資質・能力の三つの柱で再整理しているが，このことは総合的な学習の時間においても同様である。

　総合的な学習の時間においては，学習指導要領が定める目標を踏まえて各学校が目標や内容を設定するという総合的な学習の時間の特質から，各学校が観点を設定するという枠組みが維持されている。一方で，各学校が目標や内容を定める際には，学習指導要領において示された以下について考慮する必要がある。

【各学校において定める目標】
・　各学校において定める目標については，各学校における教育目標を踏まえ，総合的な学習の時間を通して育成を目指す資質・能力を示すこと。　　　（第2の3(1)）

　総合的な学習の時間を通して育成を目指す資質・能力を示すとは，各学校における教育目標を踏まえて，各学校において定める目標の中に，この時間を通して育成を目指す資質・能力を，三つの柱に即して具体的に示すということである。

【各学校において定める内容】
・　探究課題の解決を通して育成を目指す具体的な資質・能力については，次の事項に配慮すること。
　ア　知識及び技能については，他教科等及び総合的な学習の時間で習得する知識及び技能が相互に関連付けられ，社会の中で生きて働くものとして形成されるようにすること。
　イ　思考力，判断力，表現力等については，課題の設定，情報の収集，整理・分析，まとめ・表現などの探究的な学習の過程において発揮され，未知の状況において活用できるものとして身に付けられるようにすること。
　ウ　学びに向かう力，人間性等については，自分自身に関すること及び他者や社会との関わりに関することの両方の視点を踏まえること。　　　（第2の3(6)）

　各学校において定める内容について，今回の改訂では新たに，「目標を実現するにふさわしい探究課題」，「探究課題の解決を通して育成を目指す具体的な資質・能力」の二つを定めることが示された。「探究課題の解決を通して育成を目指す具体的な資質・能力」とは，各学校において定める目標に記された資質・能力を，各探究課題に即して具体的に示したものであり，教師の適切な指導の下，児童生徒が各探究課題の解決に取り組む中で，育成することを目指す資質・能力のことである。この具体的な資質・能力も，「知識及び技能」，「思考力，判断力，表現力等」，「学びに向かう力，人間性等」という

資質・能力の三つの柱に即して設定していくことになる。

　このように，各学校において定める目標と内容には，三つの柱に沿った資質・能力が明示されることになる。

　したがって，資質・能力の三つの柱で再整理した新学習指導要領の下での指導と評価の一体化を推進するためにも，評価の観点についてこれらの資質・能力に関わる「知識・技能」，「思考・判断・表現」，「主体的に学習に取り組む態度」の3観点に整理し示したところである。

（2）総合的な学習の時間の「内容のまとまり」の考え方

　学習指導要領の第2の2では，「各学校においては，第1の目標を踏まえ，各学校の総合的な学習の時間の内容を定める。」とされており，各教科のようにどの学年で何を指導するのかという内容を明示していない。これは，各学校が，学習指導要領が定める目標の趣旨を踏まえて，地域や学校，児童生徒の実態に応じて，創意工夫を生かした内容を定めることが期待されているからである。

　この内容の設定に際しては，前述したように「目標を実現するにふさわしい探究課題」，「探究課題の解決を通して育成を目指す具体的な資質・能力」の二つを定めることが示され，探究課題としてどのような対象と関わり，その探究課題の解決を通して，どのような資質・能力を育成するのかが内容として記述されることになる。（図7参照）

図7

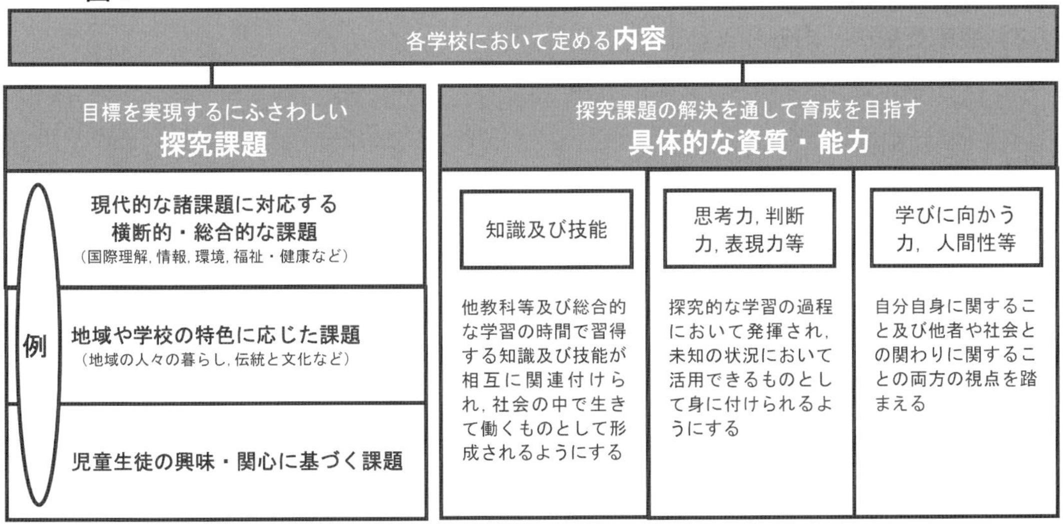

　本参考資料第1編第2章の1（2）では，「内容のまとまり」について，「学習指導要領に示す各教科等の『第2　各学年の目標及び内容　2　内容』の項目等をそのまとまりごとに細分化したり整理したりしたもので，『内容のまとまり』ごとに育成を目指す資質・能力が示されている」と説明されている。

　したがって，総合的な学習の時間における「内容のまとまり」とは，全体計画に示した「目標を実現するにふさわしい探究課題」のうち，一つ一つの探究課題とその探究課題に応じて定めた具体的な資質・能力と考えることができる。

（3）「内容のまとまりごとの評価規準」を作成する際の基本的な手順

　総合的な学習の時間における，「内容のまとまりごとの評価規準」を作成する際の基本的な手順は以下のとおりである。

---

① 　各学校において定めた目標（第2の1）と「評価の観点及びその趣旨」を確認する。

② 　各学校において定めた内容の記述（「内容のまとまり」として探究課題ごとに作成した「探究課題の解決を通して育成を目指す具体的な資質・能力」）が，観点ごとにどのように整理されているかを確認する。

③【観点ごとのポイント】を踏まえ，「内容のまとまりごとの評価規準」を作成する。

3　特別活動の「評価の観点」とその趣旨，並びに評価規準の作成及び評価の実施等について

（1）特別活動の「評価の観点」とその趣旨について

　特別活動においては，改善等通知において示されたように，特別活動の特質と学校の創意工夫を生かすということから，設置者ではなく，「各学校で評価の観点を定める」ものとしている。本参考資料では「評価の観点」とその趣旨の設定について示している。

（2）特別活動の「内容のまとまり」

　小学校においては，学習指導要領の内容の〔学級活動〕「（1）学級や学校における生活づくりへの参画」，「（2）日常の生活や学習への適応と自己の成長及び健康安全」，「（3）一人一人のキャリア形成と自己実現」，〔児童会活動〕，〔クラブ活動〕，〔学校行事〕（1）儀式的行事，（2）文化的行事，（3）健康安全・体育的行事，（4）遠足・集団宿泊的行事，（5）勤労生産・奉仕的行事を「内容のまとまり」とした。

　中学校においては，学習指導要領の内容の〔学級活動〕「（1）学級や学校における生活づくりへの参画」，「（2）日常の生活や学習への適応と自己の成長及び健康安全」，「（3）一人一人のキャリア形成と自己実現」，〔生徒会活動〕，〔学校行事〕（1）儀式的行事，（2）文化的行事，（3）健康安全・体育的行事，（4）旅行・集団宿泊的行事，（5）勤労生産・奉仕的行事を「内容のまとまり」とした。

（3）特別活動の「評価の観点」とその趣旨，並びに「内容のまとまりごとの評価規準」を作成する際の基本的な手順

　各学校においては，学習指導要領に示された特別活動の目標及び内容を踏まえ，自校の実態に即し，改善等通知の例示を参考に観点を作成する。その際，例えば，特別活動の特質や学校として重点化した内容を踏まえて，具体的な観点を設定することが考えられる。

　また，学習指導要領解説では，各活動・学校行事の内容ごとに育成を目指す資質・能力が例示されている。そこで，学習指導要領で示された「各活動・学校行事の目標」及び学習指導要領解説で例示された「資質・能力」を確認し，各学校の実態に合わせて育成を目指す資質・能力を重点化して設定する。

　次に，各学校で設定した，各活動・学校行事で育成を目指す資質・能力を踏まえて，「内容のまとまりごとの評価規準」を作成する。その際，小学校の学級活動においては，学習指導要領で示した「各学年段階における配慮事項」や，学習指導要領解説に示した「発達の段階に即した指導のめやす」を踏まえて，低・中・高学年ごとに評価規準を作成することが考えられる。基本的な手順は以下のとおりである。

---

① 　学習指導要領の「特別活動の目標」と改善等通知を確認する。

---

② 　学習指導要領の「特別活動の目標」と自校の実態を踏まえ，改善等通知の例示を参考に，特別活動の「評価の観点」とその趣旨を設定する。

---

③ 　学習指導要領の「各活動・学校行事の目標」及び学習指導要領解説特別活動編（平成 29 年 7 月）で例示した「各活動・学校行事における育成を目指す資質・能力」を参考に，各学校において育成を目指す資質・能力を重点化して設定する。

---

④ 　【観点ごとのポイント】を踏まえ，「内容のまとまりごとの評価規準」を作成する。

**（参考）平成23年「評価規準の作成，評価方法等の工夫改善のための参考資料」からの
　　　変更点について**

　今回作成した本参考資料は，平成23年の「評価規準の作成，評価方法等の工夫改善の
ための参考資料」を踏襲するものであるが，以下のような変更点があることに留意が必要
である[14]。

　まず，平成23年の参考資料において使用していた「評価規準に盛り込むべき事項」や
「評価規準の設定例」については，報告において「現行の参考資料のように評価規準を詳
細に示すのではなく，各教科等の特質に応じて，学習指導要領の規定から評価規準を作成
する際の手順を示すことを基本とする」との指摘を受け，第2編において示すことを改
め，本参考資料の第3編における事例の中で，各教科等の事例に沿った評価規準を例示し
たり，その作成手順等を紹介したりする形に改めている。

　次に，本参考資料の第2編に示す「内容のまとまりごとの評価規準」は，平成23年の
「評価規準の作成，評価方法等の工夫改善のための参考資料」において示した「評価規準
に盛り込むべき事項」と作成の手順を異にする。具体的には，「評価規準に盛り込むべき
事項」は，平成20年改訂学習指導要領における各教科等の目標，各学年（又は分野）の
目標及び内容の記述を基に，学習評価及び指導要録の改善通知で示している各教科等の
評価の観点及びその趣旨，学年（又は分野）別の評価の観点の趣旨を踏まえて作成したも
のである。

　また，平成23年の参考資料では「評価規準に盛り込むべき事項」をより具体化したも
のを「評価規準の設定例」として示している。「評価規準の設定例」は，原則として，学
習指導要領の各教科等の目標，学年（又は分野）別の目標及び内容のほかに，当該部分の
学習指導要領解説（文部科学省刊行）の記述を基に作成していた。他方，本参考資料にお
ける「内容のまとまりごとの評価規準」については，平成29年改訂の学習指導要領の目
標及び内容が育成を目指す資質・能力に関わる記述で整理されたことから，既に確認のと
おり，そこでの「内容のまとまり」ごとの記述を，文末を変換するなどにより評価規準と
することを可能としており，学習指導要領の記載と表裏一体をなす関係にあると言える。

　さらに，「主体的に学習に取り組む態度」の「各教科等・各学年等の評価の観点の趣旨」
についてである。前述のとおり，従前の「関心・意欲・態度」の観点から「主体的に学習
に取り組む態度」の観点に改められており，「主体的に学習に取り組む態度」の観点に関
しては各学年（又は分野）の「1　目標」を参考にしつつ，必要に応じて，改善等通知別
紙4に示された学年（又は分野）別の評価の観点の趣旨のうち「主体的に学習に取り組む
態度」に関わる部分を用いて「内容のまとまりごとの評価規準」を作成する必要がある。

---

[14] 特別活動については，これまでも三つの観点に基づいて児童生徒の資質・能力の育成を
目指し，指導に生かしてきたところであり，上記の変更点に該当するものではないことに
留意が必要である。

報告にあるとおり，「主体的に学習に取り組む態度」は，現行の「関心・意欲・態度」の観点の本来の趣旨であった，各教科等の学習内容に関心をもつことのみならず，よりよく学ぼうとする意欲をもって学習に取り組む態度を評価することを改めて強調するものである。また，本観点に基づく評価としては，「主体的に学習に取り組む態度」に係る各教科等の評価の観点の趣旨に照らし，

① 知識及び技能を獲得したり，思考力，判断力，表現力等を身に付けたりすることに向けた粘り強い取組を行おうとする側面と，

② ①の粘り強い取組を行う中で，自らの学習を調整しようとする側面，

という二つの側面を評価することが求められるとされた[15]。

以上の点から，今回の改善等通知で示した「主体的に学習に取り組む態度」の「各教科等・各学年等の評価の観点の趣旨」は，平成22年通知で示した「関心・意欲・態度」の「各教科等・各学年等の評価の観点の趣旨」から改められている。

---

[15] 各教科等によって，評価の対象に特性があることに留意する必要がある。例えば，体育・保健体育科の運動に関する領域においては，公正や協力などを，育成する「態度」として学習指導要領に位置付けており，各教科等の目標や内容に対応した学習評価が行われることとされている。

第２編

「内容のまとまりごとの評価規準」
を作成する際の手順

1 中学校技術・家庭科の「内容のまとまり」

中学校技術・家庭科における「内容のまとまり」は，以下のようになっている。

〔技術分野〕
「A 材料と加工の技術」(1) 生活や社会を支える材料と加工の技術
「A 材料と加工の技術」(2) 材料と加工の技術による問題の解決
「A 材料と加工の技術」(3) 社会の発展と材料と加工の技術
「B 生物育成の技術」(1) 生活や社会を支える生物育成の技術
「B 生物育成の技術」(2) 生物育成の技術による問題の解決
「B 生物育成の技術」(3) 社会の発展と生物育成の技術
「C エネルギー変換の技術」(1) 生活や社会を支えるエネルギー変換の技術
「C エネルギー変換の技術」(2) エネルギー変換の技術による問題の解決
「C エネルギー変換の技術」(3) 社会の発展とエネルギー変換の技術
「D 情報の技術」(1) 生活や社会を支える情報の技術
「D 情報の技術」(2) ネットワークを利用した双方向性のあるコンテンツの
　　　　　　　　　　プログラミングによる問題の解決
「D 情報の技術」(3) 計測・制御のプログラミングによる問題の解決
「D 情報の技術」(4) 社会の発展と情報の技術

〔家庭分野〕
「A 家族・家庭生活」(1) 自分の成長と家族・家庭生活
「A 家族・家庭生活」(2) 幼児の生活と家族
「A 家族・家庭生活」(3) 家族・家庭や地域との関わり
「A 家族・家庭生活」(4) 家族・家庭生活についての課題と実践
「B 衣食住の生活」(1) 食事の役割と中学生の栄養の特徴
「B 衣食住の生活」(2) 中学生に必要な栄養を満たす食事
「B 衣食住の生活」(3) 日常食の調理と地域の食文化
「B 衣食住の生活」(4) 衣服の選択と手入れ
「B 衣食住の生活」(5) 生活を豊かにするための布を用いた製作
「B 衣食住の生活」(6) 住居の機能と安全な住まい方
「B 衣食住の生活」(7) 衣食住の生活についての課題と実践
「C 消費生活・環境」(1) 金銭の管理と購入
「C 消費生活・環境」(2) 消費者の権利と責任
「C 消費生活・環境」(3) 消費生活・環境についての課題と実践

2　中学校技術・家庭科(技術分野)における「内容のまとまりごとの評価規準」作成の手順

　ここでは，内容「A　材料と加工の技術」の（2）材料と加工の技術による問題の解決を取り上げて，「内容のまとまりごとの評価規準」作成の手順を説明する。

　まず，学習指導要領に示された教科及び分野の目標を踏まえて，「評価の観点及びその趣旨」が作成されていることを理解する。その上で，①及び②の手順を踏む。

＜例　技術分野　内容「A　材料と加工の技術」の
（2）材料と加工の技術による問題の解決＞

【中学校学習指導要領 第2章 第8節　技術・家庭「第1　目標」】

　生活の営みに係る見方・考え方や技術の見方・考え方を働かせ，生活や技術に関する実践的・体験的な活動を通して，よりよい生活の実現や持続可能な社会の構築に向けて，生活を工夫し創造する資質・能力を次のとおり育成することを目指す。

（1）	（2）	（3）
生活と技術についての基礎的な理解を図るとともに，それらに係る技能を身に付けるようにする。	生活や社会の中から問題を見いだして課題を設定し，解決策を構想し，実践を評価・改善し，表現するなど，課題を解決する力を養う。	よりよい生活の実現や持続可能な社会の構築に向けて，生活を工夫し創造しようとする実践的な態度を養う。

（中学校学習指導要領 P.132）

【改善等通知　別紙4　家庭, 技術・家庭（1）評価の観点及びその趣旨　＜中学校　技術・家庭＞】

知識・技能	思考・判断・表現	主体的に学習に取り組む態度
生活と技術について理解しているとともに, それらに係る技能を身に付けている。	生活や社会の中から問題を見いだして課題を設定し, 解決策を構想し, 実践を評価・改善し, 表現するなどして課題を解決する力を身に付けている。	よりよい生活の実現や持続可能な社会の構築に向けて, 課題の解決に主体的に取り組んだり, 振り返って改善したりして, 生活を工夫し創造し, 実践しようとしている。

（改善等通知　別紙4　P.18）

【中学校学習指導要領 第2章 第8節　技術・家庭「第2 各分野の目標及び内容」
〔技術分野〕　1　目標】

　技術の見方・考え方を働かせ，ものづくりなどの技術に関する実践的・体験的な活動を通して，技術によってよりよい生活や持続可能な社会を構築する資質・能力を次のとおり育成することを目指す。

（1）	（2）	（3）
生活や社会で利用されている材料，加工，生物育成，エネルギー変換及び情報の技術についての基礎的な理解を図るとともに，それらに係る技能を身に付け，技術と生活や社会，環境との関わりについて理解を深める。	生活や社会の中から技術に関わる問題を見いだして課題を設定し，解決策を構想し，製作図等に表現し，試作等を通じて具体化し，実践を評価・改善するなど，課題を解決する力を養う。	よりよい生活の実現や持続可能な社会の構築に向けて，適切かつ誠実に技術を工夫し創造しようとする実践的な態度を養う。

（中学校学習指導要領 P.132）

【改善等通知　別紙4　家庭，技術・家庭（2）分野別の評価の観点の趣旨
＜中学校　技術・家庭（技術分野）＞】

知識・技能	思考・判断・表現	主体的に学習に取り組む態度
生活や社会で利用されている技術について理解しているとともに，それらに係る技能を身に付け，技術と生活や社会，環境との関わりについて理解している。	生活や社会の中から技術に関わる問題を見いだして課題を設定し，解決策を構想し，実践を評価・改善し，表現するなどして課題を解決する力を身に付けている。	よりよい生活の実現や持続可能な社会の構築に向けて，課題の解決に主体的に取り組んだり，振り返って改善したりして，技術を工夫し創造しようとしている。

（改善等通知　別紙4　P.18）

---

①　各教科における「内容のまとまり」と「評価の観点」との関係を確認する。

A　材料と加工の技術

(2)　生活や社会における問題を，材料と加工の技術によって解決する活動を通して，次の事項を身に付けることができるよう指導する。

　ア　製作に必要な図をかき，安全・適切な製作や検査・点検等ができること。

　イ　問題を見いだして課題を設定し，材料の選択や成形の方法等を構想して設計を具体化するとともに，製作の過程や結果の評価，改善及び修正について考えること。

> （下線）…知識及び技能に関する内容
>
> （波線）…思考力，判断力，表現力等に関する内容

---

②　【観点ごとのポイント】を踏まえ，「内容のまとまりごとの評価規準」を作成する。

（1）「内容のまとまりごとの評価規準」を作成する際の【観点ごとのポイント】

○「知識・技能」のポイント

・この観点は，基礎的な技術について，その仕組みの理解やそれらに係る技能の習得状況を評価するものであり，技術に関係する科学的な原理・法則とともに，技術と生活や社会，環境との関わり及び，生活等の場面でも活用できる技術の概念の理解も評価する。

・ここでの評価規準は，基本的には当該項目で育成を目指す資質・能力に該当する指導事項アについて，その文末を分野の観点の趣旨に基づき，「～について（を）理解している」，「～ができる技能を身に付けている」として作成する。

○「思考・判断・表現」のポイント

・この観点は，技術を用いて生活や社会における問題を解決するための思考力，判断力，表現力等を身に付けているかを評価するものである。技術分野の各内容は「生活や社会を支える技術」，「技術による問題の解決」，「社会の発展と技術」の三つの要素からなる学習過程を踏まえて項目が設定されていることから，各項目では，一連の学習過程における位置付けを踏まえた思考力等を評価する。

・ここでの評価規準は，基本的には当該項目で育成を目指す資質・能力に該当する指導事項イについて，その文末を分野の観点の趣旨及び学習過程における各項目の位置付けに基づき「～について考えている」として作成する。

○「主体的に学習に取り組む態度」のポイント

・この観点は粘り強さ（知識及び技能を獲得したり，思考力，判断力，表現力等を身に付けたりすることに向けた粘り強い取組を行おうとしている側面），自らの学習の調整（粘り強い取り組みの中で自らの学習を調整しようとする側面）に加え，これらの学びの経験を通して涵養された，技術を工夫し創造しようとする態度について評価する。

・ここでの評価規準は，基本的には，分野の観点の趣旨に基づき，当該項目の指導事項ア，イに示された資質・能力を育成する学習活動を踏まえて，文末を「～しようとしている」として作成する。

・この観点で評価する資質・能力については，各内容における（2）及び内容の「D情報の技術」の（3）に関する「内容の取扱い」に，「知的財産を創造，保護及び活用しようとする態度」及び「他者と協働して粘り強く物事を前に進める態度」が示されており，これらについても配慮する必要がある。

・この観点の評価規準は，一連の学習過程で育成される資質・能力の関連に配慮し整理することが大切である。例えば，各内容における（1）で身に付ける「知識及び技能」や「思考力，判断力，表現力等」の資質・能力は，各内容における（2）及び内容の「D情報の技術」の（3）の「技術による問題の解決」の学習に生かされるものであることから，各内容の(1)では「主体的に技術について考え，理解しようとする態度」について評価することが考えられる。

（2）学習指導要領の「2　内容」及び「内容のまとまりごとの評価規準（例）」

	知識及び技能	思考力，判断力，表現力等	学びに向かう力，人間性等
学習指導要領2内容	ア　製作に必要な図をかき，安全・適切な製作や検査・点検等ができること。	イ　問題を見いだして課題を設定し，材料の選択や成形の方法等を構想して設計を具体化するとともに，製作の過程や結果の評価，改善及び修正について考えること。	※内容には，学びに向かう力，人間性等について示されていないことから，該当分野の目標(3)を参考にする。

	知識・技能	思考・判断・表現	主体的に学習に取り組む態度
内容のまとまりごとの評価規準例	製作に必要な図をかき，安全・適切な製作や検査・点検等ができる技能を身に付けている。	問題を見いだして課題を設定し，材料の選択や成形の方法等を構想して設計を具体化するとともに，製作の過程や結果の評価，改善及び修正について考えている。	よりよい生活の実現や持続可能な社会の構築に向けて，課題の解決に主体的に取り組んだり，振り返って改善したりしようとしている。 ※必要に応じて分野別の評価の観点の趣旨のうち「主体的に学習に取り組む態度」に関わる部分を用いて作成する。

3 中学校技術・家庭科（家庭分野）における「内容のまとまりごとの評価規準」作成の手順

　ここでは，内容「B　衣食住の生活」の（4）衣服の選択と手入れ　を取り上げて，「内容のまとまりごとの評価規準」作成の手順を説明する。

　まず，学習指導要領に示された教科及び分野の目標を踏まえて，「評価の観点及びその趣旨」が作成されていることを理解する。その上で，①及び②の手順を踏む。

＜例　家庭分野　内容「B　衣食住の生活」の（4）衣服の選択と手入れ＞

【中学校学習指導要領 第2章 第8節　技術・家庭「第1　目標」】

　生活の営みに係る見方・考え方や技術の見方・考え方を働かせ，生活や技術に関する実践的・体験的な活動を通して，よりよい生活の実現や持続可能な社会の構築に向けて，生活を工夫し創造する資質・能力を次のとおり育成することを目指す。

（1）	（2）	（3）
生活と技術についての基礎的な理解を図るとともに，それらに係る技能を身に付けるようにする。	生活や社会の中から問題を見いだして課題を設定し，解決策を構想し，実践を評価・改善し，表現するなど，課題を解決する力を養う。	よりよい生活の実現や持続可能な社会の構築に向けて，生活を工夫し創造しようとする実践的な態度を養う。

（中学校学習指導要領 P.132）

【改善等通知 別紙4　家庭，技術・家庭（1）評価の観点及びその趣旨　＜中学校　技術・家庭＞】

知識・技能	思考・判断・表現	主体的に学習に取り組む態度
生活と技術について理解しているとともに，それらに係る技能を身に付けている。	生活や社会の中から問題を見いだして課題を設定し，解決策を構想し，実践を評価・改善し，表現するなどして課題を解決する力を身に付けている。	よりよい生活の実現や持続可能な社会の構築に向けて，課題の解決に主体的に取り組んだり，振り返って改善したりして，生活を工夫し創造し，実践しようとしている。

（改善等通知　別紙4　P.18）

【中学校学習指導要領 第2章 第8節　技術・家庭「第2　各分野の目標及び内容」

〔家庭分野〕　1　目標】

　生活の営みに係る見方・考え方を働かせ，衣食住などに関する実践的・体験的な活動を通して，よりよい生活の実現に向けて，生活を工夫し創造する資質・能力を次のとおり育成することを目指す。

（1）	（2）	（3）
家族・家庭の機能について理解を深め，家族・家庭，衣食住，消費や環境などについて，生活の自立に必要な基礎的な理解を図るとともに，それらに係る技能を身に付けるようにする。	家族・家庭や地域における生活の中から問題を見いだして課題を設定し，解決策を構想し，実践を評価・改善し，考察したことを論理的に表現するなど，これからの生活を展望して課題を解決する力を養う。	自分と家族，家庭生活と地域との関わりを考え，家族や地域の人々と協働し，よりよい生活の実現に向けて，生活を工夫し創造しようとする実践的な態度を養う。

(中学校学習指導要領 P.136)

【改善等通知　別紙4　家庭，技術・家庭（2）分野別の評価の観点の趣旨

＜中学校　技術・家庭（家庭分野）＞】

知識・技能	思考・判断・表現	主体的に学習に取り組む態度
家族・家庭の基本的な機能について理解を深め，生活の自立に必要な家族・家庭，衣食住，消費や環境などについて理解しているとともに，それらに係る技能を身に付けている。	これからの生活を展望し，家族・家庭や地域における生活の中から問題を見いだして課題を設定し，解決策を構想し，実践を評価・改善し，考察したことを論理的に表現するなどして課題を解決する力を身に付けている。	家族や地域の人々と協働し，よりよい生活の実現に向けて，課題の解決に主体的に取り組んだり，振り返って改善したりして，生活を工夫し創造し，実践しようとしている。

(改善等通知　別紙4　P.18)

---

①　各教科における「内容のまとまり」と「評価の観点」との関係を確認する。

B　衣食住の生活

（4）衣服の選択と手入れ

　　次の（1）から（7）までの項目について，課題をもって，健康・快適・安全で豊かな食生活，衣生活，住生活に向けて考え，工夫する活動を通して，次の事項を身に付けることができるよう指導する。

　ア　次のような知識及び技能を身に付けること。

　　(ｱ)　衣服と社会生活との関わりが分かり，目的に応じた着用，個性を生かす着用及び衣服の適切な選択について理解すること。

　　(ｲ)　衣服の計画的な活用の必要性，衣服の材料や状態に応じた日常着の手入れについて理解し，適切にできること。

　イ　衣服の選択，材料や状態に応じた日常着の手入れの仕方を考え，工夫すること。

<u>（下線）</u>…知識及び技能に関する内容
<u>（波線）</u>…思考力，判断力，表現力等に関する内容

※　「A家族・家庭生活」の（1）「自分の成長と家族・家庭生活」及び（4）「家族・家庭生活についての課題と実践」，「B衣食住の生活」の（7）「衣食住の生活についての課題と実践」，「C消費生活・環境」の（3）「消費生活・環境についての課題と実践」は，指導事項アのみで構成されている。

A（1）の評価の観点については，「知識・技能」，A（4），B（7），C（3）の評価の観点については，家庭や地域などで実践を行い，課題を解決する力を養うことから，「思考・判断・表現」及び「主体的に学習に取り組む態度」であることに留意する。

②	【観点ごとのポイント】を踏まえ，「内容のまとまりごとの評価規準」を作成する。

（1）「内容のまとまりごとの評価規準」を作成する際の【観点ごとのポイント】

○「知識・技能」のポイント

・「知識・技能」については，基本的には，当該指導項目で育成を目指す資質・能力に該当する指導事項アについて，その文末を，「～について理解している」，「～について理解しているとともに，適切にできる」として，評価規準を作成する。

※「A家族・家庭生活」の（1）については，その文末を「～に気付いている」として，評価規準を作成する。

○「思考・判断・表現」のポイント

・「思考・判断・表現」については，教科の目標の（2）に示されている学習過程に沿って，「課題を解決する力」が身に付いているのかを評価することになる。基本的には，当該指導項目で育成を目指す資質・能力に該当する指導事項イについて，その文末を分野の評価の観点の趣旨に基づき，「～について問題を見いだして課題を設定し，解決策を構想し，実践を評価・改善し，考察したことを論理的に表現するなどして課題を解決する力を身に付けている」として，評価規準を作成する。

○「主体的に学習に取り組む態度」のポイント

・「主体的に学習に取り組む態度」については，基本的には，当該指導項目で扱う指導事項ア及びイと分野の目標，分野の評価の観点の趣旨を踏まえて作成する。その際，対象とする指導内容は，指導項目の名称を用いて示すこととする。具体的には，①粘り強さ（知識及び技能を獲得したり，思考力，判断力，表現力等を身に付けたりすることに向けた粘り強い取組を行おうとする側面），②自らの学習の調整（①の粘り強い取組を行う中で，自らの学習を調整しようとする側面）に加え，③実践しようとする態度を含めることを基本とし，その文末を「～について，課題の解決に主体的に取り組んだり（①），振り返って改善したり（②）して，生活を工夫し創造し，実践しようとしている（③）」として，評価規準を作成する。

（2）学習指導要領の「2　内容」及び「内容のまとまりごとの評価規準（例）」

	知識及び技能	思考力，判断力，表現力等	学びに向かう力，人間性等
学習指導要領　2　内容	ア　次のような知識及び技能を身に付けること。 (ア) 衣服と社会生活との関わりが分かり，目的に応じた着用，個性を生かす着用及び衣服の適切な選択について理解すること。 (イ) 衣服の計画的な活用の必要性，衣服の材料や状態に応じた日常着の手入れについて理解し，適切にできること。	イ　衣服の選択，材料や状態に応じた日常着の手入れの仕方を考え，工夫すること。	※内容には，学びに向かう力，人間性等について示されていないことから，該当分野の目標（3）を参考にする。

	知識・技能	思考・判断・表現	主体的に学習に取り組む態度
内容のまとまりごとの評価規準（例）	・衣服と社会生活との関わりが分かり，目的に応じた着用，個性を生かす着用及び衣服の適切な選択について理解している。 ・衣服の計画的な活用の必要性，衣服の材料や状態に応じた日常着の手入れについて理解しているとともに，適切にできる。	衣服の選択，材料や状態に応じた日常着の手入れの仕方について問題を見いだして課題を設定し，解決策を構想し，実践を評価・改善し，考察したことを論理的に表現するなどして課題を解決する力を身に付けている。	よりよい生活の実現に向けて，衣服の選択と手入れについて，課題の解決に主体的に取り組んだり，振り返って改善したりして，生活を工夫し創造し，実践しようとしている。 ※必要に応じて分野別の評価の観点の趣旨のうち「主体的に学習に取り組む態度」に関わる部分を用いて作成する。

第３編

題材ごとの学習評価について
（事例）

【技術分野】

第1章　「内容のまとまりごとの評価規準」の考え方を踏まえた評価規準の作成

1　本編事例における学習評価の進め方について

　題材における観点別学習状況の評価を実施するに当たり，まずは年間の指導と評価の計画を確認することが重要である。その上で，学習指導要領の目標や内容，「内容のまとまりごとの評価規準」の考え方等を踏まえ，以下のように進めることが考えられる。なお，複数の題材にわたって評価を行う場合など，以下の方法によらない事例もあることに留意する必要がある。

評価の進め方	留意点
1 **題材の目標を作成する**	○　学習指導要領の目標や内容，学習指導要領解説等を踏まえて作成する。 ○　生徒の実態，前題材までの学習状況等を踏まえて作成する。 ※　題材の目標及び評価規準の関係性（イメージ）については下図参照 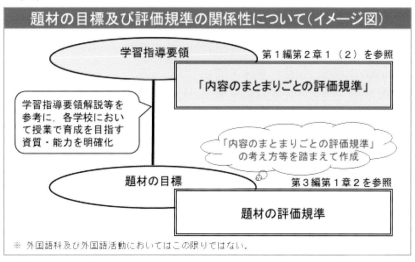
2 **題材の評価規準を作成する**	
3 **「指導と評価の計画」を作成する**	○　1，2を踏まえ，評価場面や評価方法等を計画する。 ○　どのような評価資料（生徒の反応やノート，ワークシート，作品等）を基に，「おおむね満足できる」状況（B）と評価するかを考えたり，「努力を要する」状況（C）への手立て等を考えたりする。
授業を行う	○　3に沿って観点別学習状況の評価を行い，生徒の学習改善や教師の指導改善につなげる。
4 **観点ごとに総括する**	○　集めた評価資料やそれに基づく評価結果などから，観点ごとの総括的評価（A，B，C）を行う。

2　題材の評価規準の作成のポイント

　技術・家庭科技術分野では，学習指導要領の各項目に示される指導内容を指導単位にまとめて組織して題材を構成し，分野目標の実現を目指しており，各項目に配当する授業時数と履修学年については，生徒や学校，地域の実態等に応じて，各学校において定めることとなっている。また，題材の設定に当たっては，各項目及び各項目に示す事項との関連を見極め，相互に有機的な関連を図り，系統的及び総合的に学習が展開されるよう配慮することが重要である。

　そのため，実際の指導にあたっては，履修学年等を踏まえて，「題材の目標」及び，「題材の評価規準」を作成した上で，学習指導要領解説（以下「解説」）の記述を参考にするなどして，題材の評価規準を学習活動に即して具体化することが必要となる。そして，これらを検討することは，それぞれの学習活動において目指す資質・能力の明確化につながるという意味で，よりよい授業づくりにつながることとなる。

　本事例編では，「内容のまとまりごとの評価規準」の考え方を踏まえた「題材の目標」及び「題材の評価規準」の作成の仕方等について，内容「Ａ　材料と加工の技術」における項目(1)，(2)，(3)に示された指導内容で一つの題材を構成し，指導する場合を例に示す。

（1）題材の検討

　　学習指導要領の規定や，解説に示された配慮事項等及び各内容の特質を踏まえるとともに，生徒の発達の段階等に応じて，履修学年・授業時数を定める。その上で，指導する内容に関係する地域や学校の実態，生徒の興味・関心や学習経験を踏まえて題材を設定する。

　　以下は，内容「Ａ　材料と加工の技術」における項目(1)，(2)，(3)を第１学年で指導する題材を検討した例である。

【題材を検討する際の配慮事項等の例】

・この題材は，学習指導要領の内容「Ａ　材料と加工の技術」における項目(1)，(2)，(3)を，一つの題材で指導するように設定する。
・他の内容の指導に必要となる授業時数とのバランスに配慮し，配当する授業時数を 20 時間とする。
・小学校図画工作科における工作に表す活動に関する学習との接続に配慮し，履修学年を第１学年とする。
・小学校における防災・安全に関する学習経験等や生徒の興味・関心を学習内容に反映させる。

【設定した題材の例】

題材名　材料と加工の技術によって，安全な生活の実現を目指そう
　　　　　　　　　　〜オーダーメイド耐震補強器具を開発しよう〜（第１学年）

（2）題材の目標の設定

　　題材の目標は，学習指導要領に示された分野の目標並びに題材で指導する指導事項を整理・統合した上で，授業時数や履修学年を踏まえて設定する。

なお，AからDの各内容を，それぞれ一つの題材で指導する場合は，解説の各内容の最初に示された各内容のねらいを，授業時数や履修学年に応じたものとすることで設定することもできる。

　以下に示した題材の目標では，解説の p.25 に示された内容「A　材料と加工の技術」のねらいを基に，第1学年の生徒に指導するという発達の段階に配慮し，「生活」に着目した課題の解決を通して「生活や社会」へと視点を広げることを目指したものとしている。具体的には，問題を見いだす際の範囲を「生活」に限定するとともに，解決策を構想したり，技術の概念を理解したりする際の視点を「安全」に留めている。

【題材「材料と加工の技術によって，安全な生活の実現を目指そう～オーダーメイド耐震補強器具を開発しよう～（第1学年）」の目標の例】

> 　材料と加工の技術の見方・考え方を働かせ，より安全な生活を目指した耐震補強器具を開発する実践的・体験的な活動を通して，生活や社会で利用されている材料と加工の技術についての基礎的な理解を図り，それらに係る技能を身に付け，材料と加工の技術と安全な生活や社会との関わりについて理解を深めるとともに，生活の中から材料と加工の技術と安全に関わる問題を見いだして課題を設定する力，安全な生活や社会の実現に向けて，適切かつ誠実に材料と加工の技術を工夫し創造しようとする実践的な態度を身に付ける。

※　下線部は，解説の p.25 に示された内容「A　材料と加工の技術」のねらいと「題材の目標」の記載が異なる部分を示す。

（3）題材の評価規準の設定

　題材の目標の実現状況を把握するための題材の評価規準は，技術分野の評価の観点の趣旨を基に，題材で指導する項目に関係する「内容のまとまりごとの評価規準（例）」の要素を加えるなどして設定する。

　以下に示した題材の評価規準は，技術分野の評価の観点の趣旨に，「内容のまとまりごとの評価規準（例）」に示された理解の対象や，思考力等の要素を加えた上で，第1学年で指導することに配慮して設定した題材の目標を踏まえて，問題を見いだす際の範囲や解決策を構想する際の視点等を「生活」や「安全」に限定するとともに，課題を解決する力を，「技術を評価し，適切に選択，管理・運用して解決できること」を想定したものとしている。

【題材「材料と加工の技術によって，安全な生活の実現を目指そう～オーダーメイド耐震補強器具を開発しよう～（第1学年）」の評価規準の検討例】

観点	知識・技能	思考・判断・表現	主体的に学習に取り組む態度
評価の観点の趣旨	生活や社会で利用されている技術について理解しているとともに，それらに係る技能を身に付け，技術と生活や社会，環境との関わりについて理解している。	生活や社会の中から技術に関わる問題を見いだして課題を設定し，解決策を構想し，実践を評価・改善し，表現するなどして課題を解決する力を身に付けている。	よりよい生活の実現や持続可能な社会の構築に向けて，課題の解決に主体的に取り組んだり，振り返って改善したりして，技術を工夫し創造しようとしている。

題材の評価規準	生活や社会で利用されている<u>材料と加工の技術</u>についての科学的な原理・法則や基礎的な技術の仕組み及び，<u>材料と加工の技術と安全な生活や社会との関わり</u>について理解しているとともに，<u>製作に必要な図をかき</u>，安全・適切な製作や検査・点検等ができる技能を身に付けている。	<u>生活の中から材料と加工の技術と安全に関わる問題</u>を見いだして課題を設定し，解決策を構想し，実践を評価・改善し，表現するなどして，課題を解決する力を身に付けているとともに，<u>安全な生活や社会の実現を目指して材料と加工の技術を評価し，適切に選択，管理・運用する力</u>を身に付けている。	<u>安全な生活や社会の実現</u>に向けて，課題の解決に主体的に取り組んだり，振り返って改善したりして，<u>材料と加工の技術</u>を工夫し創造しようとしている。

内容のまとまりごとの評価規準（例）		知識・技能	思考・判断・表現	主体的に学習に取り組む態度
	A(1)	・材料や加工の特性等の原理・法則と，材料の製造・加工方法等の基礎的な技術の仕組みについて理解している。	・材料と加工の技術に込められた問題解決の工夫について考えている。	・主体的に材料と加工の技術について考え，理解しようとしている。
	A(2)	・製作に必要な図をかき，安全・適切な製作や検査・点検等ができる技能を身に付けている。	・問題を見いだして課題を設定し，材料の選択や成形の方法等を構想して設計を具体化するとともに，製作の過程や結果の評価，改善及び修正について考えている。	・よりよい生活の実現や持続可能な社会の構築に向けて，課題の解決に主体的に取り組んだり，振り返って改善したりしようとしている。
	A(3)	・生活や社会，環境との関わりを踏まえて，材料と加工の技術の概念を理解している。	・材料と加工の技術を評価し，適切な選択と管理・運用の在り方や，新たな発想に基づく改良と応用について考えている。	・よりよい生活の実現や持続可能な社会の構築に向けて，材料と加工の技術を工夫し創造しようとしている。

※　下線部は，「評価の観点の趣旨」と「題材の評価規準」の記載が異なる部分を示す。

（４）題材の評価規準の学習活動に即した具体化の検討

題材の目標の達成には一定程度のまとまった時間の下での指導が必要となる。その中で，適切な時点で適切に評価を行うためには，題材の評価規準を学習活動に即して具体化する必要がある。

そしてこれは，題材の指導計画を検討した上で，題材で指導する項目に関係する「内容のまとまりごとの評価規準（例）」を，解説の記述等を参考に具体化し，それらを各学習活動の配当時数や使用する教材，観点の趣旨にふさわしい評価方法などにも配慮し，学習過程に応じて具体化したり，整理・統合したりすることで実現できる。

以下は，内容「Ａ　材料と加工の技術」の(2)材料と加工の技術による問題の解決における「内容のまとまりごとの評価規準（例）」を，解説の p.29 や p.60 の記述を参考に具体化したものである。

【「内容のまとまりごとの評価規準（例）」を学習指導要領解説を参考に具体化した例】
内容「Ａ　材料と加工の技術」の(2)材料と加工の技術による問題の解決

観点	知識・技能	思考・判断・表現	主体的に学習に取り組む態度
内容のまとまりごとの評価規準（例）	・製作に必要な図をかき，安全・適切な製作や検査・点検等ができる技能を身に付けている。	・問題を見いだして課題を設定し，材料の選択や成形の方法等を構想して設計を具体化するとともに，製作の過程や結果の評価，改善及び修正について考えている。	・よりよい生活の実現や持続可能な社会の構築に向けて，課題の解決に主体的に取り組んだり，振り返って改善したりしようとしている。
「内容のまとまりごとの評価規準（例）」を具体化した例	・適切な図法を用いて，製作に必要な図をかくことができる技能を身に付けている。 ・工具や機器を使用して，安全・適切に材料取り，部品加工，組立て・接合，仕上げや，検査等ができる技能を身に付けている。	・生活や社会の中から材料の製造や成形などに関わる問題を見いだして課題を設定する力を身に付けている。 ・課題の解決策を，条件を踏まえて構想し，製作図等に表す力を身に付けている。 ・試作等を通じて解決策を具体化する力を身に付けている。 ・設計に基づく合理的な解決作業について考える力を身に付けている。 ・課題の解決結果や解決過程を評価，改善及び修正する力を身に付けている。	・自分なりの新しい考え方や捉え方によって，解決策を構想しようとしている。 ・自らの問題解決とその過程を振り返り，よりよいものとなるよう改善・修正しようとしている。

※　「知識・技能」，「思考・判断・表現」の観点は解説 p.29 の記述を，「主体的に学習に取り組む態度」の観点は解説 p.60 の記述を基に具体化している。

以下は，「内容のまとまりごとの評価規準（例）」を，解説等を参考に具体化したものを基に，題材「材料と加工の技術によって，安全な生活の実現を目指そう〜オーダーメイド耐震補強器具を開発しよう〜（第1学年）」の題材の評価規準を，学習活動に即して具体化，整理・統合する際のポイントの例である。

【題材「材料と加工の技術によって，安全な生活の実現を目指そう〜オーダーメイド耐震補強器具を開発しよう〜（第1学年）」の題材の評価規準を学習活動に即して具体化，整理・統合する際のポイントの例】

○　題材の評価規準を，学習活動に即して具体化する際には，学習のまとまりを踏まえて，無理なく適切に評価できるような場面を検討する。また，その場面において，学習の目標を達成した生徒の姿をより明確にするために，学習活動や評価方法も併せて検討しながら，評価規準の具体化，整理・統合を図る。

○　「知識・技能」について

　　分野目標の評価の観点の趣旨における「技術と生活や社会，環境との関わり」について，特に「技術と安全な生活や社会との関わり」の理解を目指すこととし，この視点を中心に，取り上げる工具や機器，教材等に応じて具体化する。

○　「思考・判断・表現」について

　　「生活」に着目した課題の解決を通して「生活や社会」へと視点を広げるために，題材の指導における「技術による問題の解決」の場面では問題を見いだす範囲を「生活」に限定し，「社会の発展と技術」の場面では「生活や社会」に広げることとし，具体化，整理・統合する。

○　「主体的に学習に取り組む態度」について

　　「生活や社会を支える技術」の場面では，知識及び技能を獲得したりすることに向けた粘り強い取組を行おうとしている姿を評価し，「技術による問題の解決」の場面では，自らの学習を調整しようとしている姿を評価する。また，「社会の発展と技術」の場面では，技術を工夫し創造していこうとする姿を評価するなど，題材の学習過程を踏まえ，指導の各場面に応じて具体化，整理・統合する。

第2章　学習評価に関する事例について

1　事例の特徴

　第1編第1章2（4）で述べた学習評価の改善の基本的な方向性を踏まえつつ，平成29年改訂学習指導要領の趣旨・内容の徹底に資する評価の事例を示すことができるよう，本参考資料における事例は，原則として以下のような方針を踏まえたものとしている。

○　**題材に応じた評価規準の設定から評価の総括までとともに，生徒の学習改善及び教師の指導改善までの一連の流れを示している**

　　本参考資料で提示する事例は，いずれも，題材の評価規準の設定から評価の総括までとともに，評価結果を生徒の学習改善や教師の指導改善に生かすまでの一連の学習評価の流れを念頭においたものである（事例の一つは，この一連の流れを特に詳細に示している）。なお，観点別の学習状況の評価については，「おおむね満足できる」状況，「十分満足できる」状況，「努力を要する」状況と判断した生徒の具体的な状況の例などを示している。「十分満足できる」状況という評価になるのは，生徒が実現している学習の状況が質的な高まりや深まりをもっていると判断されるときである。

○　**観点別の学習状況について評価する時期や場面の精選について示している**

　　報告や改善等通知では，学習評価については，日々の授業の中で生徒の学習状況を適宜把握して指導の改善に生かすことに重点を置くことが重要であり，観点別の学習状況についての評価は，毎回の授業ではなく原則として単元や題材など内容や時間のまとまりごとに，それぞれの実現状況を把握できる段階で行うなど，その場面を精選することが重要であることが示された。このため，観点別の学習状況について評価する時期や場面の精選について，「指導と評価の計画」の中で，具体的に示している。

○　**評価方法の工夫を示している**

　　生徒の反応やノート，ワークシート，作品等の評価資料をどのように活用したかなど，評価方法の多様な工夫について示している。

2 各事例概要一覧と事例

事例1 キーワード 指導と評価の計画から評価の総括まで，「知識・技能」の評価

「材料と加工の技術によって，安全な生活の実現を目指そう ～オーダーメイド耐震補強器具を開発しよう～」（第1学年）

本事例は，技術分野の最初に学習する内容として想定した内容「A　材料と加工の技術」の項目(1)，(2)，(3)に関する題材である。

　ここでは，20 時間分の指導と評価の計画を例示するとともに，特に，各観点の評価の具体例及び観点別評価の総括方法等を含めた，評価の基本的な流れと，観点「知識・技能」の評価について，基礎的な技術の仕組みの理解とそれらに係る技能，技術と生活や社会，環境との関わりの理解の状況を評価する考え方などを示している。

事例2 キーワード 「主体的に学習に取り組む態度」の評価

「環境に優しい野菜づくりにチャレンジ！」（第1学年）

　本事例は，第1学年を対象にした内容「B　生物育成の技術」の項目(1)，(2)，(3)に関する題材である。

　ここでは，15 時間分の指導と評価の計画を例示するとともに，特に観点「主体的に学習に取り組む態度」の評価について，粘り強く学習に取り組む態度や自らの学習を調整する態度，技術を適切に工夫し創造しようとする態度を評価する考え方，及びレポートや管理記録カード等の評価方法について示している。

事例3 キーワード 「思考・判断・表現」 の評価，多様な評価方法

「エネルギー変換の技術によって，安心・安全な生活を実現しよう」（第2学年）

　本事例は，第2学年を対象とした内容「C　エネルギー変換の技術」の項目(1)，(2)，(3)に関する題材である。

　ここでは，20 時間分の指導と評価の計画を例示するとともに，特に，「思考・判断・表現」の評価について，「技術による問題の解決」を例として問題を見いだして課題を設定し解決できる力を評価する考え方，及びワークシート等の多様な評価方法について示している。

事例4 キーワード 長期的な視点に立った評価

「サイバーサイバイ大作戦 ～情報の技術で素晴らしい社会の発展を目指そう！～」（第2学年及び第3学年）

　本事例は，内容「D　情報の技術」の題材について，第2学年を対象に，内容「D　情報の技術」の 項目(1)，(2)について指導した上で，第3学年を対象に，内容「D　情報の技術」の項目(3)，(4)を指導する題材である。このうち，項目(3)では内容「B　生物育成の技術」の問題を計測・制御のプログラミングで解決する，統合的な問題を扱っている。

　ここでは，32 時間分の指導と評価の計画を例示するとともに，長期的な視点に立った評価規準の設定及び，具体の方法や，統合的な問題解決やグループ活動における評価の考え方，及び，学年・学期をまたぐ題材における観点別評価を総括する考え方について示している。

技術・家庭科（技術分野）　　事例1

キーワード　指導と評価の計画から評価の総括まで，「知識・技能」の評価

題材名	内容のまとまり
材料と加工の技術によって，安全な生活の実現を目指そう　～オーダーメイド耐震補強器具を開発しよう～	内容「A　材料と加工の技術」 (1)　生活や社会を支える材料と加工の技術 (2)　材料と加工の技術による問題の解決 (3)　社会の発展と材料と加工の技術

1　題材の目標

　材料と加工の技術の見方・考え方を働かせ，<u>より安全な生活を目指した耐震補強器具を開発する</u>実践的・体験的な活動を通して，生活や社会で利用されている材料と加工の技術についての基礎的な理解を図り，それらに係る技能を身に付け，材料と加工の技術と<u>安全な生活や社会</u>との関わりについて理解を深めるとともに，<u>生活</u>の中から材料と加工の技術と<u>安全</u>に関わる問題を見いだして課題を設定する力，<u>安全な生活や社会</u>の実現に向けて，適切かつ誠実に材料と加工の技術を工夫し創造しようとする実践的な態度を身に付ける。

　※　下線部は，解説の p.25 に示された内容「A　材料と加工の技術」のねらいと「題材の目標」の記載が異なる部分を示す（3編 p.40「2（2）　題材の目標の設定」を参照）。

2　題材の評価規準

観点	知識・技能	思考・判断・表現	主体的に学習に取り組む態度
評価規準	生活や社会で利用されている<u>材料と加工の技術についての科学的な原理・法則や基礎的な技術の仕組み</u>及び，<u>材料と加工の技術と安全な生活や社会との関わりについて理解し</u>ているとともに，<u>製作に必要な図をかき，安全・適切な製作や検査・点検等ができる技能</u>を身に付けている。	<u>生活の中から材料と加工の技術と安全に関わる問題を見いだして課題を設定し</u>，解決策を構想し，実践を評価・改善し，表現するなどして，課題を解決する力を身に付けているとともに，<u>安全な生活や社会の実現を目指して材料と加工の技術を評価し，適切に選択，管理・運用する力</u>を身に付けている。	<u>安全な生活や社会の実現に向</u>けて，課題の解決に主体的に取り組んだり，振り返って改善したりして，<u>材料と加工の技術を工夫し創造しようとし</u>ている。

　※　下線部は，「評価の観点の趣旨」と「題材の評価規準」の記載が異なる部分を示す（3編 p.41「2（3）　題材の評価規準の設定」を参照）。

3　指導と評価の計画（第1学年 20 時間）

時間 指導 事項	・学習活動 ※□は取り上げる学習内容例を示す	○：評価規準の例　と　◇：評価方法の例		
		知識・技能	思考・判断・表現	主体的に学習に取り組む態度
1 2 A(1) イ	・3年間の学習の見通しをもつ。 ・社会や生活で使用されている耐震補強器具について調べる。 製品の使用目的，使用条件，材料，構造，加工法，価格，耐久性，廃棄方法など		①耐震補強器具に込められた工夫を読み取り，材料と加工の技術の見方・考え方に気付くことができる。 ◇調べ学習レポート	
3 A(1) ア	・木材，金属などの材料の特性に関係する実験・観察を行う。 材料の組織や成分，圧縮，引張，曲げ等に対する力学的な性質など	②木材や金属などの材料の特徴と使用方法を説明できる。 ◇ワークシート ◇ペーパーテスト		⑤進んで材料と加工の技術と関わり，主体的に理解し，技能を身に付けようとしている。 ◇ワークシート
4 A(1) ア	・製作品の強度や構造，切削，切断等に関係する実験・観察を行う。 断面形状や部材の構造と強度，切削，切断や塑性加工の特徴など	③製作品の構造や強度と，主な加工の特徴を説明できる。 ◇ワークシート ◇ペーパーテスト		
5 6 A(1) ア	・材料の製造方法や成形方法などの基礎的な技術の仕組みに関連した実験・観察を行う。 切削，切断，塑性加工，加熱といった加工の特性等，材料を成形する方法，切断や切削等の加工の方法，表面処理の方法など	④材料の製造方法や成形方法などの基礎的な技術の仕組みを説明できる。 ◇ワークシート ◇ペーパーテスト		
7 A(2) イ	・生活の中から耐震補強器具が必要な場面を見いだして，課題として設定する。		⑥生活の中から材料と加工の技術と安全に関わる問題を見いだして耐震に関する課題を設定できる。 ◇問題発見シート	⑫自分なりの新しい考え方や捉え方によって知的財産を創造し，他者の新

時数・項目	学習活動	知識・技能	思考・判断・表現	態度
8 A(2) イ	・設定した課題に基づき，製作する耐震補強器具を構想・試作する。		⑦課題の解決策となる耐震補強器具の材料，大きさ，形状，構造などを，使用場所や加工方法などの制約条件に基づいて構想し，設計や計画を具体化できる。 ◇設計レポート	しい考え方や捉え方も知的財産として尊重し，またそれらを保護・活用しようとしている。 ※振り返りカード，設計レポート，作業記録カード，完成レポート等と組み合わせて評価する。
9 10 A(2) ア イ 等角図及び第三角法	・耐震補強器具の設計を具体化して，製作に必要な図と作業計画を立案する。	⑧製作に必要な図の役割やかき方を知り，かき表すことができる。 ◇設計図・製作図 ◇ペーパーテスト	⑨設計に基づく合理的な解決作業を決定できる。 ◇作業計画表	⑬自らの問題解決とその過程を振り返り，よりよいものとなるよう他者と協働して粘り強く改善・修正しようとしている。
11 12 13 14 15 16 17 A(2) ア 材料取り，部品加工，組立て・接合，仕上げや検査など 工具・機器に関する使用前の点検・調整や使用後の手入れなど	・安全・適切に製作や検査・点検等を行う。	⑩安全・適切に材料取り，部品加工，組立て・接合，仕上げと検査・点検，必要に応じた改善・修正ができる。 ◇観察 ◇製作品		
18 A(2) イ	・完成した製作品について発表し，相互評価に基づいて製作品や解決過程の修正・改善を考える。		⑪完成した製作品が設定した耐震と安全に関する課題を解決できるかを評価するとともに，設計や製作の過程に対する改善及び修正を考えることができる。 ◇完成レポート	※振り返りカード，設計レポート，完成レポート等と組み合わせて評価する。
19 A(3) ア 生活や社会との関わりを踏まえた技術の概念など	・これまでに学習した内容を振り返る。	⑭これまでの学習と，材料と加工の技術が安全な生活や社会の実現に果たす役割や影響を踏まえ，材料と加		

				⑯安全な生活や社会の実現に向けて，材料と加工の技術を工夫し創造していこうとしている。◇提言レポート
		工の技術の概念を説明できる。◇提言レポート		
20 A(3) イ	・より安全な生活や社会を実現する材料と加工の技術の在り方について話し合い，自分の考えを発表する。		⑮安全な生活や社会の実現を目指して，材料と加工の技術を評価し，適切な選択，管理・運用の仕方について提言できる。◇提言レポート	

4　観点別学習状況の評価の進め方

　技術分野の目標を達成するためには，まず各題材の目標を明確にした上で，それぞれの題材の目標を達成するために必要な学習活動を検討する必要がある。目標の達成状況を把握するための評価規準も同様に，題材の評価規準を設定し，それを学習活動に即して具体化するという手順で検討していくことになる。

（1）題材の目標の設定

　技術分野の各題材に配当する授業時数と履修学年については，3学年間を見通して履修学年や指導内容を適切に配列するとともに，学習指導要領で示されている各項目に適切な授業時数を配当することとなっている。そのため，題材の目標は，地域や学校の実態，生徒の発達の段階や興味・関心，分野間及び他教科等との関連等を考慮し，各学校が定めた授業時数や履修学年を踏まえて作成する必要がある。

　その際，問題の解決に必要となる資質・能力を，発達の視点から3年間を見通して計画的に設定するために，各内容で解決を目指す問題について，解決に必要となる知識及び技能を他教科等における学習を踏まえて限定したり，問題を見いだす範囲を，身近な生活から産業等も含めた社会まで段階的に広げたり，既存の技術を評価，選択，管理・運用することで解決できる問題から改良，応用しなければ解決できない問題へと段階的に高めることが考えられる。

　本事例の題材は，第1学年での指導を想定し，「生活」に着目した問題の解決を通して「生活や社会」へと視点を広げることを目指している。そのため，(2)の「材料と加工の技術による問題の解決」では，問題を見いだす範囲を「生活」としている。また，解決する際に配慮する視点についても，生徒が考えやすいよう，「経済性」や「環境負荷」は含めず「安全性」に限定している。このような問題解決の経験を経た後，(3)の「社会の発展と材料と加工の技術」において，安全な生活や社会の実現のための材料と加工の技術の在り方について話し合うなど，範囲を「社会」にまで広げるようにしている。

（2）題材の評価規準の設定

　題材の評価規準の設定に際しては，技術分野の目標や，解説に示された各内容のねらいなどを踏まえ，技術分野の評価の観点の趣旨を基に，題材で指導する項目に関係する「内容のまとまりごと

の評価規準（例）」の要素を加えるなどして設定する。

　本事例で示す題材における「知識・技能」の評価規準は，「評価の観点の趣旨」に示された「生活や社会で利用されている技術について理解しているとともに，それらに係る技能を身に付け，技術と生活や社会，環境との関わりについて理解している。」を基にして，「生活や社会で利用されている技術」の具体例となる「材料と加工の技術についての科学的な原理・法則や基礎的な技術の仕組み」を示している。また，「内容のまとまりごとの評価規準（例）」を参考にして，「それらに係る技能」の具体例として「製作に必要な図をかき，安全・適切な製作や検査・点検等ができる技能」を加えている。

　「思考力・判断力・表現力」の評価規準は，「評価の観点の趣旨」に示された「生活や社会の中から技術に関わる問題を見いだして課題を設定し，解決策を構想し，実践を評価・改善し，表現するなどして課題を解決する力を身に付けている。」を基にして，耐震補強器具を開発する学習活動を想定して「生活の中から材料と加工の技術と安全に関わる問題を見いだして課題を設定し，」としている。また，「内容のまとまりごとの評価規準（例）」を参考に，「安全な生活や社会の実現を目指して材料と加工の技術を評価し，適切に選択，管理・運用する力を身に付けている。」を加えている。なお，ここでは指導する学年に配慮し，「改良」や「応用」までは求めず，「技術を評価し，適切に選択，管理・運用」に限定している。

　「主体的に学習に取り組む態度」は，「評価の観点の趣旨」に示された「よりよい生活の実現や持続可能な社会の構築に向けて，課題の解決に主体的に取り組んだり，振り返って改善したりして，技術を工夫し創造しようとしている。」を基にして，題材での学習を踏まえて「安全な生活や社会の実現」や「材料と加工の技術」など具体的に示している。

（3）題材の評価規準の学習活動に即した具体化

　題材の評価規準を学習活動に即して具体化するためには，題材で指導する項目に関係する「内容のまとまりごとの評価規準（例）」を，解説の記述等を参考に具体化したものを，各学習活動の配当時数や使用する教材，観点の趣旨にふさわしい評価方法などにも配慮し，学習過程に応じて具体化，整理・統合する。

ア　配慮事項

　題材の評価規準を学習過程に応じて具体化，整理・統合し，学習活動に即した評価規準とする際には，以下の点に配慮が必要である。

①　評価を行う場面や頻度の検討

　一つ一つの授業には目標があり，その目標に照らしておおむね満足できる状況となっていない生徒に対して適切に指導するためには，授業ごとに評価を行う必要がある。しかし，一つ一つの授業が「知識及び技能」，「思考力，判断力，表現力等」，「学びに向かう力，人間性等」の全てを目標としているわけではない。また，実現するために何時間かの指導が必要な目標もある。そのため，記録に残す観点別学習状況の評価については，毎回の授業で「知識・技能」，「思考・判断・表現」，「主体的に学習に取り組む態度」の全ての観点について行うのではなく，それぞれの実現状況が把握できる段階で評価を行うこととなる。このことを踏まえ，無理なく評価でき，後の学習活動に生かすことができるような評価規準を設定するよう配慮すること

が大切である。

② 評価方法の検討

目標を達成した生徒の姿は，それを見取るための評価方法を検討することでより具体化される。そのため，予めどのような評価方法が考えられるか検討しておくことが必要である。

「知識・技能」の観点の知識についての評価方法としては，ペーパーテストの記述から，必要な事項を指摘できるかを確認する方法が考えられる。また，調べ学習レポートや提言レポートから，技術と社会や環境との関わりや技術の概念について説明できるかを確認するといった方法も考えられる。

技能については，最終的に完成した製作品から，製作品を作る技能だけを評価するのではなく，安全・適切に作業できているかを観察などから多面的に評価するといった工夫が必要である。

「思考・判断・表現」の観点の評価方法としては，評価する「思考力，判断力，表現力等」に応じたものを検討し，採用することが大切である。「生活や社会を支える技術」の場面では，技術に込められた工夫の読み取りや技術の見方・考え方の気付きについて，調べ学習レポートなどから評価する方法が考えられる。「技術による問題の解決」の場面では，問題の発見，課題の設定，設計・計画，製作・制作・育成，成果の評価の各過程での思考力，判断力，表現力等の実現状況について，問題発見シート，設計レポート，作業計画表，作業記録カード，完成レポートなどの記述から評価することが考えられる。「社会の発展と技術」の場面では，よりよい生活の実現や持続可能な社会の構築に向けてどのような技術を開発すべきかについて提言レポートやプレゼンテーションを作成させ，その内容から評価することが考えられる。

「主体的に学習に取り組む態度」の観点の評価方法としては，観察以外に，振り返りカードをはじめ，設計レポート，作業記録カード，完成レポート，提言レポートなども適切に使用することが考えられる。

また，各観点における評価資料などをポートフォリオとするなどして，生徒の学習過程を的確に把握するといった工夫をするとともに，生徒が自らの学習過程を振り返る際の資料として活用できるようにすることも考えられる。例えば，「思考・判断・表現」の評価資料をポートフォリオとして蓄積することで，「技術による問題の解決」の成果の評価や，「社会の発展と技術」において学習活動の振り返りを行う資料として活用することが考えられる。また，「主体的に学習に取り組む態度」に関わるレポートの記述などを時系列で比較することで，学習に取り組み，技術を工夫・創造しようとする態度などを的確に読み取ることができるようになる。

イ 題材の評価規準の具体化，整理・統合

本事例では，特に「知識・技能」を中心に，題材の評価規準を学習活動に即して具体化，整理・統合する考え方について，「3　指導と評価の計画」（p.48）の①〜⑯の評価規準を例に示す。

① 知識・技能

「知識・技能」に関しては，従前の技術分野の評価の観点として明示されていた「知識・理解」と「技能」が統合された形式で示されたため，従前の評価の観点との相違点を把握して評価規準を設定する必要がある。

「知識・技能」の知識に関しては，解説の「2　技術・家庭科改訂の趣旨及び要点（1）改訂

の趣旨イ(イ)教育内容の見直し」に，「生活や社会において様々な技術が複合して利用されている現状を踏まえ，材料，加工，生物育成，エネルギー変換，情報等の専門分野における重要な概念等を基にした教育内容とする」と示されているように，細分化・断片化した知識ではなく，各内容に関連する「科学的な原理・法則」や「技術の仕組み」などに関連した概念を意識して評価規準を設定する必要がある。そのため，「3 指導と評価の計画」の②では「木材や金属などの材料の特徴と使用方法を説明できる。」として「材料の特性」，③では「製作品の構造や強度と，主な加工の特徴を説明できる。」として「部材の構造」や「加工の特性」，④では「材料の製造方法や成形方法などの基礎的な技術の仕組みを説明できる。」として「技術の仕組み」などの概念と対応する形で具体化している。

「知識・技能」の技能に関しては，従前の「技能」が意図する巧緻性や結果の精緻さを含んでいるが，正確な結果を得るための技能のみを評価するのではなく，主として「技術による問題の解決」において，知識に基づいて技能を問題解決の過程に適切に活用できることを評価するようにする。そのため，「3 指導と評価の計画」の⑩において，材料取り，部品加工，組立て・接合，仕上げ・塗装の各工程を安全・適切に行うことや，各工程を検査・点検して必要に応じた改善・修正ができることを示している。これは，各工程における結果の精緻さのみを評価の資料とするのではなく，問題解決の過程で知識を活用しつつ技能をどのように発揮したのかについて，材料取り，部品加工，組立て・接合，仕上げ・塗装の各工程において継続的に評価することを意図している。

一方，各内容の「社会の発展と技術」の場面では，「生活や社会を支える技術」における「材料と加工の技術の見方・考え方」の気付きや，「技術による問題の解決」の場面における材料と加工の技術による問題の解決の学習を基に，「知識・技能」の知識に関係する，「材料と加工の技術の概念」を理解することが求められている。「材料と加工の技術の概念」の理解とは，技術と社会や環境とは相互に影響することを踏まえて，材料と加工の技術が社会や生活における問題解決のために，社会，環境，経済などの様々な制約や，材料や加工の特性等の科学的な原理・法則のもとで，材料の製造・加工方法等とその成果となる製品などが最適化されていることを俯瞰的に捉えることである。このような技術の概念の特質を踏まえ，「3 指導と評価の計画」の⑭では「これま

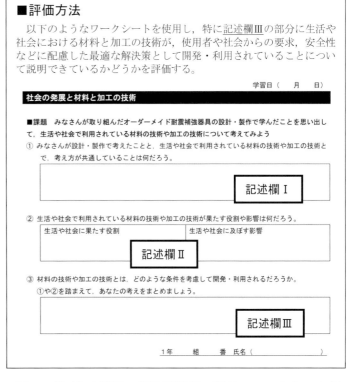

図1 第19時間目 評価規準⑭の評価のワークシート例

第3編
技 術
事例1

- 53 -

での学習と，材料と加工の技術が安全な生活や社会の実現に果たす役割や影響を踏まえ，材料と加工の技術の概念を説明できる。」と具体化している。ここでの評価に使用するワークシート例を図1に示す。このワークシートでは，「材料と加工の技術の概念」の理解のために，「技術による問題の解決」の学習において，耐震補強器具の材料，大きさ，形状，構造などを，使用場所や加工方法などの制約条件に基づいて構想・設計し，安全・適切に製作する中で働かせた「技術の見方・考え方」と，生活や社会で活用されている製品やシステムが，使用者や社会からの要求，安全性などに着目し（ワークシートの記述欄ⅠとⅡ），複数の相反する要求・条件に対して折り合いをつけて最適な解決策として開発・利用されていることの共通性を捉える（ワークシートの記述欄Ⅲ）ことが必要となる。

② **思考・判断・表現**

　本事例では，第1学年での指導を想定しているために，「生活」に着目した問題の解決を通して「生活や社会」へと視点を広げることをねらいとしている。そのため，「技術による問題の解決」の場面である「3　指導と評価の計画」の⑥では，「生活の中から材料と加工の技術と安全に関わる問題を見いだして耐震に関する課題を設定できる。」のように「生活」に特化して具体化している。一方，「社会の発展と技術」の場面である⑮では，「安全な生活や社会の実現を目指して，材料と加工の技術を評価し，適切な選択，管理・運用の仕方について提言できる。」のように「社会」に視野を広げることを示している。

　なお，⑮では，技術の活用についても学習する学年に配慮し，「改良」や「応用」までは求めず，「選択」や「管理・運用」に留めている。

③ **主体的に学習に取り組む態度**

　この観点についても，本事例では，「生活」に着目した問題の解決を通して「生活や社会」へと視点を広げることをねらいとしていることを踏まえ，例えば，「3　指導と評価の計画」の⑯では「安全な生活や社会の実現に向けて，材料と加工の技術を工夫し創造していこうとしている。」と，社会への視点を含めて具体化している。

　また，評価する対象をより明確にするために，「3　指導と評価の計画」の⑫では，内容Aの(2)における「自分なりの新しい考え方や捉え方によって，解決策を構想しようとしている。」という「内容のまとまりごとの評価規準（例）」を具体化したものに，「内容の取扱い」に示された「知的財産を創造，保護及び活用しようとする態度」に関する文言を追加して，「自分なりの新しい考え方や捉え方によって知的財産を創造し，他者の新しい考え方や捉え方も知的財産として尊重し，またそれらを保護・活用しようとしている。」と具体化している。

　さらに，適切な場面で評価するために，⑤では，内容Aの項目(1)における「進んで材料と加工の技術と関わり，主体的に理解しようとしている。」という「内容のまとまりごとの評価規準（例）」を具体化したものに，項目(2)に関係する「技能」を加え，「進んで材料と加工の技術と関わり，主体的に理解し，技能を身に付けようとしている。」とし，複数の学習活動に共通するように整理・統合している。

（4）学習活動における評価の進め方

　　学習活動における評価は，まず，設定した評価規準に照らして，生徒が「おおむね満足できる」状況（B）に達しているかを判断し，評価の結果を指導に活用するようにする。例えば，「おおむね満足できる」状況（B）と判断された生徒が質的に高まった，あるいは深まった状況（「十分満足できる」状況（A））を，具体的な姿としてイメージするなどして，その状況に導く指導等についても検討しておくことも大切である。また，「おおむね満足できる」状況（B）に

■「十分満足できる」状況（A）と判断した生徒の具体的な記述例
○「材料と加工の技術は，材料の性質や特徴を生かすように使われているだけではなくて，値段が高くないかとか，長い年月でも使えるかとか，安全に使えるかとか，その製品を作りやすいかとか，作るときや捨てるときに環境に優しいかとか，そのような様々なことを考えて，バランスが最も良い技術を開発している。」

■「おおむね満足できる」状況（B）と判断した生徒の具体的な記述例
○「私は授業の時，耐震補強器具の材料や形などを考える時に，使う場所に合っているか，しっかり固定できるか，自分で作れるか，とか，そういうことを考えて，最も良さそうなもの設計しました。だから市販の製品や建物は，もっと多くのことを考えて設計するものだと思います。」

■「努力を要する」状況（C）と判断した生徒に対する手立て
　耐震補強器具の材料，大きさ，形状，構造などを，使用場所や加工方法などの制約条件に基づいて構想・設計・製作した学習を振り返らせ，生活や社会における材料と加工の技術との共通性を気付かせる。

図2　第19時間目　評価規準⑭の評価の例

達しておらず，「努力を要する」状況（C）と判断される生徒への指導の手立てを準備したり，「努力を要する」状況（C）に至ることのないよう生徒個人に応じた助言や具体例の提示などを行ったりすることが大切である。

　　なお，生徒一人一人の日々の評価結果は，補助簿等に記録することになるが，必ずしもA，B，Cの3段階で評価結果を記録するとは限らない。学習状況を表す簡潔な記述で記録するなど，学習活動の特質や評価の場面等に応じて工夫し適切に判断して実施することが大切である。

　　「3　指導と評価の計画」の⑭の評価に使用するワークシートの記述欄Ⅲにおける，「十分満足できる」状況（A），「おおむね満足できる」状況（B）及び「努力を要する」状況（C）と判断される生徒への指導の手立ての姿の例を図2に示す。

5　観点別学習状況の評価の総括
（1）　技術分野の総括

　　「知識・技能」，「思考・判断・表現」，「主体的に学習に取り組む態度」の観点ごとに示される観点別学習状況の評価は，技術分野の目標に照らした学習の実現状況を分析的に評価するものであり，学習の改善を促す資料となる。また，教師が指導の状況を把握して授業の計画・実践を改善する資料としても活用することが目指される。一方，評定は，観点別学習状況の評価を踏まえて作成され，他教科等も含めて行われる教育課程全体の中での技術・家庭科の目標の実現状況を総括的に示すものとなる。

　　技術分野における題材ごとの観点別学習状況の評価の評定への総括について，「第1編　総説　第2章（5）観点別学習状況の評価に係る記録の総括」に示された二つの方法を以下に例示する。

【本事例における観点別学習状況の評価の結果例】

	知識・技能の評価	思考・判断・表現の評価	主体的に学習に取り組む態度の評価
項目（1）の学習活動に即した評価規準	②：B ③：C ④：A	①：B	⑤：B
項目（2）の学習活動に即した評価規準	⑧：B ⑩：A	⑥：B ⑦：A ⑨：A ⑪：A	⑫：B ⑬：A
項目（3）の学習活動に即した評価規準	⑭：B	⑮：A	⑯：B
評価結果のA，B，Cの数	A：2 B：3 C：1	A：4 B：2 C：0	A：1 B：3 C：0

※ ①〜⑯は「3　指導と評価の計画」における「評価規準の例」を示す。

　評価結果のA，B，Cの数を基に総括する場合では，評価結果のA，B，Cの数を目安として各観点の評価結果の数が多いものを総括した評価とする。従って，「知識・技能」ではB，「思考・判断・表現」ではA，「主体的に学習に取り組む態度」ではBの評価に総括できる。

　評価結果のA，B，Cを数値に置き換えて総括する場合では，評価結果の数値によって表し，合計や平均することで総括する。上記の結果例の場合，A＝3，B＝2，C＝1の数値で各観点の評価を数値化すると，「知識・技能」の平均値は2.17，「思考・判断・表現」の平均値は2.67，「主体的に学習に取り組む態度」の平均値は2.25となる。この場合に総括の結果をBとする判断の基準を［1.5≦平均値≦2.5］とすると，「知識・技能」ではB，「思考・判断・表現」ではA，「主体的に学習に取り組む態度」ではBの評価に総括できる。

　このほかにも，観点別学習状況の評価に係る記録の総括については様々な考え方や方法があるため，各学校において工夫することが望まれる。

（2）技術・家庭科の総括

　技術・家庭科においては，教科の目標及び各分野の目標の実現を目指して，各項目に示される指導内容を指導単位にまとめて題材を設定して学習指導が行われている。また，各学年における技術分野と家庭分野の授業時数が異なっていても，3学年間を通していずれかの分野に偏ることなく授業時数が配当されていればよいとしている。したがって，技術・家庭科の観点別学習状況の評価の総括は，評価結果を題材ごと，分野ごとに総括し，技術分野及び家庭分野を合わせて技術・家庭科の総括とする。その際，分野ごとに観点別評価の総括をした後，配当する授業時数に応じて重み付けを行うなどの方法が考えられる。

　このほかにも，評価の総括の仕方には様々な考え方や方法があり，各学校において工夫することが望まれる。

技術・家庭科（技術分野）　　事例2
キーワード　「主体的に学習に取り組む態度」の評価

題材名	内容のまとまり
環境に優しい野菜づくりにチャレンジ！	内容「B　生物育成の技術」 (1) 生活や社会を支える生物育成の技術 (2) 生物育成の技術による問題の解決 (3) 社会の発展と生物育成の技術

1　題材の目標

　　生物育成の技術の見方・考え方を働かせ，地域の自然環境へ配慮して野菜を栽培する実践的・体験的な活動を通して，生活や社会で利用されている生物育成の技術についての基礎的な理解を図り，それらに係る技能を身に付け，生物育成の技術と生活や社会，環境との関わりについて理解を深めるとともに，地域社会の中から生物育成の技術と環境に関わる問題を見いだして課題を設定し解決する力，よりよい地域社会の構築に向けて，適切かつ誠実に生物育成の技術を工夫し創造しようとする実践的な態度を身に付ける。

※　下線部は，解説の p.33 に示された内容「B　生物育成の技術」のねらいと「題材の目標」の
　　記載が異なる部分を示す（3編 p.40「2（2）題材の目標の設定」を参照）。

2　題材の評価規準

観点	知識・技能	思考・判断・表現	主体的に学習に取り組む態度
評価規準	生活や社会で利用されている生物育成の技術についての科学的な原理・法則や基礎的な技術の仕組み及び，生物育成の技術と生活や社会，環境との関わりについて理解しているとともに，安全・適切な栽培または飼育，検査等ができる技能を身に付けている。	生物育成の技術が地域の自然環境に及ぼす影響に関わる問題を見いだして課題を設定し，解決策を構想し，実践を評価・改善し，表現するなどして課題を解決する力を身に付けているとともに，よりよい地域社会の構築を目指して生物育成の技術を評価し，適切に選択，管理・運用する力を身に付けている。	よりよい地域社会の構築に向けて，課題の解決に主体的に取り組んだり，振り返って改善したりして，生物育成の技術を工夫し創造しようとしている。

※　下線部は，「評価の観点の趣旨」と「題材の評価規準」の記載が異なる部分を示す（3編 p.41
　　「2（3）題材の評価規準の設定」を参照）。

3　指導と評価の計画（第1学年 15 時間）

時間 指導事項	・学習活動 ※□は取り上げる学習内容例を示す。	○：評価規準の例　と　◇：評価方法の例		
		知識・技能	思考・判断・表現	主体的に学習に取り組む態度
1 2 B(1) ア	・生活や社会を支える生物育成の技術の例や，問題解決の工夫について調べる。	①作物，動物及び水産生物の成長，生態などについての科学的な原理・法則を説明できる。 ②生物の育成環境を調節する方法などの基礎的な技術の仕組みを説明できる。 ◇ワークシート		④進んで生物育成の技術と関わり，主体的に理解し，技能を身に付けようとしている。 ◇工夫調べレポート
3 B(1) イ	<工夫調べの例> ・家庭菜園で用いられている伝統的な技術や，産業で用いられる生産技術の仕組みを調べ共通点をまとめる。 ・社会で利用されている生物育成の技術が，目的や条件に合わせて，生産者や開発者が計画等に込めた意図を読み取る。		③生物育成の技術に込められた工夫を読み取り，生物育成の技術が最適化されてきたことに気付くことができる。 ◇工夫調べレポート	
4 5 B(2) イ	・地域社会において生物育成の技術を用いて解決したい問題を見つけ，課題を設定する。	<問題を見いだす発問の例> ・環境に優しい栽培技術で，社会の問題を解決しよう。 <生徒が設定する課題の例> ・ハウス栽培の環境負荷を小さくしたい。 ・消費者が安価で安心して食べられる栽培方法を工夫したい。	⑤生物育成の技術が地域の自然環境に及ぼす影響に関わる問題を見いだして課題を設定できる。 ◇育成計画表	⑩自分なりの新しい考え方や捉え方によって，解決策を構想しようとしている。 ⑪自らの問題解決とその過程を振り返り，よりよいものとなるよう改善・修正しようとしている。 ※育成計画表，管理記録カード，収穫レポート等と組み合わせて評価する。
	・設定した課題に基づき，育成環境の調節方法を構想して，育成計画を具体化する。		⑥課題の解決策を条件を踏まえて構想し，育成計画表等に表すことができる。 ◇育成計画表	
6 7 8 9 10 11 12 B(2) ア イ	・安全・適切に栽培・検査し，必要に応じて適切に対応する。 ・設定した課題の解決状況を評価するため，作物の生育状況と，LEDを点灯させた時間や消費した養液の量，成長の度合いなどのデータを記録する。	⑦育成計画に沿い，観察や検査の結果を踏まえ，安全・適切に育成環境の調節や，作物の管理・収穫ができる。 ◇生徒の行動観察 ◇育成環境の調節や作物管理の状況	⑧育成計画に基づき，記録したデータと作物の生育状況とを比べながら，合理的な解決作業を決定できる。 ◇管理記録カード ◇育成環境の調節や作物管理の状況	

13 B(2) イ	・収穫の様子(品質や収穫量など)と,解決過程で収集したデータとを整理して,収穫レポートにまとめながら,問題解決の過程と結果を振り返る。		⑨自らの問題解決の工夫を,生物育成の技術の見方・考え方に照らして整理するとともに,課題の解決結果を記録したデータに基づいて評価する。 ◇収穫レポート	
14 B(3) ア	・ここまでの学習活動を踏まえ,技術の概念を理解する。 ・研究開発が進められている新しい生物育成の技術の優れた点や問題点を話し合う。	⑫これまでの学習を踏まえ,生物育成の技術の役割や影響,最適化について説明できる。 ◇ワークシート	⑬よりよい地域社会の構築を目指して,生物育成の技術を評価し,適切な選択,管理・運用の在り方について提言をまとめることができる。 ◇ワークシート	⑭よりよい地域社会の構築を目指して,生物育成の技術を進んで工夫し創造しようとしている。 ◇ワークシート
15 B(3) イ	・よりよい地域社会の構築を目指して,生物育成の技術の在り方や将来展望について提言する。			

4 「主体的に学習に取り組む態度」の評価の進め方

(1)「主体的に学習に取り組む態度」の評価の考え方

この観点では,技術分野の学習を通して,安心,安全で便利な生活の実現や持続可能な社会の構築のために,主体的に技術に関わり,技術を適切かつ誠実に工夫し創造しようとする実践的な態度が育成された状況について評価する。その際,技術分野の目標(3)と,その観点の趣旨を踏まえると,この態度については,知識及び技能を獲得したり,思考力,判断力,表現力等を身に付けたりすることに向けた粘り強い取組を行おうとしている側面や,その粘り強い取組を行う中で,自らの学習を調整しようとする側面及び,技術を工夫し創造しようとする側面について評価することになることから,題材の指導の中で,場面に応じて,どの側面を重視して評価するかを検討することが考えられる。

なお,挙手の回数や授業への取組状況など,その形式的態度の評価に依らず,技術分野の学習を通して態度が育成されている状況を,他の観点に関わる学習の状況と照らし合わせながら評価することにも留意する。

(2)粘り強い取組を行おうとしている側面の評価

本事例では,内容Bの項目(1)にあたる題材の最初の場面で,生物育成に関する技術の利用例やその仕組みを理解する学習を通して,生物育成の技術に対する興味・関心を高め,主体的に学習に取り組む態度を涵養することを目指しており,「3 指導と評価の計画」の④では評価規準を「進

んで生物育成の技術と関わり，主体的に理解し，技能を身に付けようとしている」としている。

　具体的には，第3時間目において，生活や社会で用いられている基礎的な技術の仕組みを調べ，その技術がどのような問題を解決しようとして，どのように工夫されているかを，工夫調べレポート（図1）にまとめさせ，その感想等の記述（図1の設問3）から，粘り強く技術を学ぼうとしている側面を中心に，「今までは興味なかったが…」「もっと知りたい」といった意欲を読み取り，評価することとしている。

第3編
技　術
事例2

生物育成の技術　工夫調べレポート

　　　　　　　　　　　　　　　　　1年　　　組　　　番　氏名（　　　　　　　　　　）

1．あなたが調べたい「生物育成の技術」を1つ選びましょう。
　　（家庭菜園で用いられる伝統的な技術，ウシやブタ等を育てる畜産の技術など）

2．教科書や新聞記事などから，1.で選んだ「生物育成の技術」の仕組みや工夫を調べましょう。
　　（どのような目的で，どの生物を，どのような方法で，どのように工夫して育てているか）

調べた技術 　・小さな面積でも大量に生産できる植物工場	参考にした図書，新聞記事など 　・教科書○○ページ 　・△△新聞　令和○年○月○日号
この技術の目的や役割（どのような問題を解決しているか）	育成している生物の種類
育成の仕組み	この技術に込められた工夫や思い，考えなど

3．生活や社会で用いられている生物育成の技術の仕組みや，その役割について調べてみて，
　　あなたが興味や関心をもったこと，さらにやってみたいと思ったことを書きましょう。

> ■十分満足できる状況(A)と判断した記述例：「今までは生物育成の技術が食糧生産だけだと思っていたが，それ以外にも多く利用されていることを知った。今後は自分も，食糧以外の目的で栽培や飼育に挑戦してみたい。」
> ■おおむね満足できる状況(B)と判断した記述例：「今回のレポートで，生物育成の技術にはコンピュータが使われていることに驚いたし，他にどんな技術があるのか調べてみたいと思った。」
> ■努力を要する状況(C)と判断した生徒への手立て：今後も粘り強く学習に取り組もうとする様子がうかがえないため，他の生徒のレポート等を読みながら，自分の実習に生かせそうなことを見つけさせ，実習への意欲を高める。

図1　第3時間目　評価規準④の評価の例（工夫調べレポート）

（3）自らの学習を調整しようとする側面の評価

　本事例では内容Bの項目(2)にあたる問題解決の場面で，問題を見いだして課題を設定し，その解決を目指す学習を通して，主体的に学習に取り組む態度を涵養することを目指している。

　「3　指導と評価の計画」の⑩では，評価規準を「自分なりの新しい考え方や捉え方によって，解決策を構想しようとしている」としており，ここでは，自らの学習を調整しようとする側面を中心に，育成計画を考える際に，計画の手本を参考に，自らの課題に応じて，新しい発想を取り入れながら，自分の力で問題解決に取り組めるよう，育成計画を調整しようとする態度を評価することにしている。

「3　指導と評価の計画」の⑪では，評価規準を「自らの問題解決とその過程を振り返り，より
よいものとなるよう改善・修正しようとしている」としており，ここでは，自らが設定した課題の
解決に取り組む際に，思い通りにならなかった場面で，自らの学習を調整しようとする側面を中心
に，自らの作業の過程を振り返って原因を追及しようとする態度や，目の前にある作物の状況を観
察し，育成計画等と比較しながら，最適な作業手順を考えようとする態度を評価することとしてい
る。
　具体的には，第4～12時間目において，管理記録カード（図2）に管理作業の内容や，問題解決
を評価するために必要なデータ及び，そのときにどのような気持ちで問題の解決に取り組んだか
を記述させる。その際，毎時間の記述を細かく評価するのではなく，第13時間目に，第4～12時

第3編
技　術
事例2

管理記録カード

1年　　組　　番　氏名（　　　　　　　　　）

1．実習前に，あなたの目標などを考えよう

あなたが解決したい課題（目標） ・植物工場を，より省エネルギーで 　安価に大量生産できるように改善したい →(目標)なるべく電気や化石燃料を使わずに， 　露地栽培と同じ品質で育てる	育成しながら調べておきたいデータ ・ヒータでハウス内を温めた時間と電気代 ・LED照明を使った時間と電気代

個人課題の設定

2．管理記録をつけよう
※注目した条件（温度，湿度，日照，風通し，衛生，肥料，水分，苗の状態など）も記録しよう。

月日	作物の様子	注目した条件と管理作業	あなたが考えたこと，思ったこと	調べたデータの記録

記録の蓄積
（ポートフォリオ）

3．実習を振り返りましょう

a．あなたは課題を解決するために，どのような条件に注目して，どのように工夫しましたか	b．調べたデータから，課題をどの程度解決できたか，自己評価してみましょう

ポートフォリオを
活用した振り返り

c．あなたが課題の解決を目指して，育成の結果がよりよいものになるよう，改善・修正しようと思
って取り組んだことを思い出してみましょう

> ■十分満足できる状況(A)と判断した記述例：「なるべく電気を使わずに育てようと日光が当たりやすい場
> 所に移動させて，LED照明を使う時間を短くしようとしました。また，それだけでは成長が思わしくない
> ので，資料で調べて，養液の成分を変更してみました。」
> ■おおむね満足できる状況(B)と判断した記述例：「なるべく電気を使わずに育てようと考えていました
> が，始めは曇りの日が多くてLED照明を長く点灯させていました。しかし，途中で目標を達成できないか
> もしれないと考えて，日光が当たりやすい場所に移動させて，LED照明を使う時間を短くしようと頑張り
> ました。」
> ■努力を要する状況(C)と判断した生徒に対する手立て：自分が書いた管理記録カードを見直しながら，
> 自分があきらめずに取り組んだことや工夫したことを見つけさせ，実習への意欲を高める。

図2　第13時間目　評価規準⑪の評価の例（管理記録カードの例）

間目までの記述に基づいてこれまでの学びについて振り返らせたり，技能の習得状況等の変化を確認させたりしながら，内容のまとまりの全体を通して感じたことをまとめさせ，その感想等の記述（図2の設問3c）から，自己調整を図ってきたかを読み取り，評価することとしている。

（4）技術を工夫し創造しようとする側面の評価

　本事例では，内容Bの項目(3)にあたる題材の最後の場面で，内容Bの項目(1)で気付いた生物育成の技術の見方・考え方に基づき，内容Bの項目(2)で取り組んだ問題解決の経験を振り返りながら，生物育成の技術の概念を理解し，様々な視点や立場から生活や社会で用いられている生物育成の技術の在り方を考えさせる学習活動を通して，技術の優れた点や問題点を見極めようとする態度や，技術を積極的に用いて生活や社会の問題を解決していこうとする態度，その際に，より高い品質で，効率よく，安定して，経済的にも優れ，自然環境に優しく，消費者にとって安心などの視点をできるだけ満たすように工夫し創造しようとする態度といった，技術を工夫し創造しようとする態度を涵養することを目指しており，「3　指導と評価の計画」の⑭では，評価規準を「よりよい地域社会の構築を目指して，生物育成の技術を進んで工夫し創造していこうとしている」としている。

　具体的には，第14〜15時間目において，ワークシート（図3）を用いて，これまでの学習を振り返らせながら，技術の優れた点や問題点を見極めようとする態度や，技術を積極的に用いて生活や社会の問題を解決していこうとする態度を涵養し（図3の設問1から3），最後の場面で，研究開発が進められている新しい技術である植物工場について，よりよい在り方や将来展望について考えさせると共に，そのアイディアに込めた生徒自身の思いをまとめさせる（図3の設問4）。「a．アイディア」への記述と「b．あなたが込めた思い」への記述とを組み合わせることで，便利な生活を送りたいといった特定の側面から見た個人的な願いの実現を目指そうとすることではなく，環境への負荷などにも配慮してよりよい地域社会を構築するために技術を工夫し創造していこうとしているかを読み取り，評価することとしている。

社会の発展と生物育成の技術

1年　　組　　番　氏名（　　　　　　　　　　）

1. あなたが課題を解決するために工夫したことと，社会で用いられている生物育成の技術に込められた工夫とで，考え方が共通していたことは何だろう。

> 生物育成の技術とは，
>
> 技術の概念の理解
> 記述例：「より高い品質で，効率よく，安定して，経済的にも優れ，自然環境に優しく，消費者にとって安心　など」
>
> という視点から工夫されています。

2. 今回のみなさんの経験を持ち寄って，もう一度同じ課題を解決しようと思います。課題を解決するために，1．で考えた視点から，ベストな育成方法を考えてみよう。

> 技術の最適化の練習

3. 教科書にある「植物工場」の説明を読み，1．で考えた視点から，植物工場が優れている点と問題点とを，話し合って考えてみよう。

優れている点	問題点
	技術の見方・考え方に基づく，技術の評価

4. 上の1〜3を踏まえて，私たちの地域にとってよりよい植物工場のアイディアを考えてみよう。また，そのアイディアに込めたあなたの思いを書きましょう。

> a．アイディア
>
> 「思考・判断・表現」の評価

> b．あなたが込めた思い
>
> 「技術を工夫し創造しようとする態度」の評価
>
> ■十分満足できる状況（A）と判断した記述例：「育て方が似ている地域の特産品をまとめて育てるようにすれば，電気エネルギーを効率よく利用できるし，たくさんの技術を使うよりも，いくつかの技術に絞って活用したほうが効果的だと思ったからです。他の技術も色々と調べながらよりよい方法を考えてみたいと思います。」
> ■おおむね満足できる状況（B）と判断した記述例：「電気を使うことばかりを考えずに，自然の光や風などを利用したほうが，安定して作物を育てられると思ったからです。」
> ■努力を要する状況（C）と判断した生徒への手立て：学習した知識や，問題解決の経験が生かされていないことから，生徒自身の問題解決の過程を振り返らせながら，次の問題解決の場面で心がけたいことを意識させる。

図3　第14〜15時間目　評価規準⑭の評価の例（「社会の発展と生物育成の技術」の例）

技術・家庭科（技術分野）　　事例3
キーワード　「思考・判断・表現」の評価，多様な評価方法

題材名	内容のまとまり
エネルギー変換の技術によって，安心・安全な生活を実現しよう	内容「C　エネルギー変換の技術」 (1) 生活や社会を支えるエネルギー変換の技術 (2) エネルギー変換の技術による問題の解決 (3) 社会の発展とエネルギー変換の技術

1　題材の目標

　エネルギー変換の技術の見方・考え方を働かせ，災害時に役立つ製品を開発する実践的・体験的な活動を通して，生活や社会で利用されているエネルギー変換の技術についての基礎的な理解を図り，それらに係る技能を身に付け，エネルギー変換の技術と生活や社会，環境との関わりについて理解を深めるとともに，生活や社会の中からエネルギー変換の技術と安心・安全に関わる問題を見いだして課題を設定し解決する力，安全な社会の構築に向けて適切かつ誠実にエネルギー変換の技術を工夫し創造しようとする実践的な態度を身に付ける。

※　下線部は，解説の p.40 に示された内容「C　エネルギー変換の技術」のねらいと「題材の目標」の記載が異なる部分を示す（3編 p.40「2（2）題材の目標の設定」を参照）。

2　題材の評価規準

観点	知識・技能	思考・判断・表現	主体的に学習に取り組む態度
評価規準	生活や社会で利用されているエネルギー変換の技術についての科学的な原理・法則や基礎的な技術の仕組み，保守点検の必要性及び，エネルギー変換の技術と生活や社会，環境との関わりについて理解しているとともに，安全・適切な製作，実装，点検及び調整等ができる技能を身に付けている。	災害時に想定される問題を見いだして課題を設定し，解決策を構想し，実践を評価・改善し，表現するなどして課題を解決する力を身に付けているとともに，安全な社会の構築を目指してエネルギー変換の技術を評価し，適切に選択，管理・運用，改良，応用する力を身に付けている。	安全な社会の構築に向けて，課題の解決に主体的に取り組んだり，振り返って改善したりして，エネルギー変換の技術を工夫し創造しようとしている。

※　下線部は，「評価の観点の趣旨」と「題材の評価規準」の記載が異なる部分を示す（3編 p.41「2（3）題材の評価規準の設定」を参照）。

3　指導と評価の計画（第2学年 20 時間）

時間 指導 事項	・学習活動 ※□は取り上げる学習内容例を示す。	○：評価規準の例　と　◇：評価方法の例		
		知識・技能	思考・判断・表現	主体的に学習に取り組む態度
1 2 3 4 5 C(1) ア イ	・生活や社会を支えるエネルギー変換の技術の例や，問題解決の工夫について調べる。 <調べ学習の例> ・手回し式 LED 電灯の観察や分解等の活動を通じて，小型化や発電効率など目的や条件に応じて工夫されていることについて調べる。	①エネルギー変換についての科学的な原理・法則と，エネルギー変換の基礎的な技術の仕組みを説明できる。 ◇調べ学習レポート ◇ペーパーテスト	②エネルギー変換の技術に込められた工夫を読み取り，エネルギー変換の技術の見方・考え方に気付くことができる。 ◇調べ学習レポート	③進んでエネルギー変換の技術と関わり，主体的に理解し，技能を身に付けようとしている。 ◇振り返りカード
6 C(2) イ	・災害時にエネルギー変換の技術を用いて解決する問題を見付け課題を設定する。 <問題のテーマ例> ・非常時に役立つ製品を開発しよう <生徒の課題設定例> ・夜間停電したら室内の移動に困った。 ・就寝中に地震が起こると気付かない。		④生活や社会の中からエネルギー変換の技術と安心・安全に関わる問題を見いだして，災害時に必要な課題を設定できる。 ◇問題発見・課題設定シート	
7 8 C(2) イ	・設定した課題に基づき解決策を構想し，回路図や製作図として表す。 ・作業計画を立案する。 <解決策の構想例> ・停電したら自動点灯する照明を開発しよう。 ・地震の揺れを検知したらブザーや光で知らせるようにすればよい。	⑤製作・実装に必要な図をかき表すことができる。 ◇回路図・製作図	⑥課題の解決策となる災害時に役立つ製品の構造や電気回路などを，使用場面などの条件を踏まえて構想し，使用部品を選択したり，設計したりすることができる。 ◇構想レポート	⑩自分なりの新しい考え方や捉え方によって，解決策を構想しようとしている。 ※振り返りカード，構想レポート，作業記録カード,完成レポート等と組み合わせて評価する。
9 C(2) イ			⑦設計に基づく合理的な解決作業を決定できる。 ◇作業計画表 ◇作業記録カード	

第3編
技　術
事例3

- 65 -

時数	学習活動	知識・技能	思考・判断・表現	主体的に取り組む態度
10 11 12 13 14 15 16 17 C(2)アイ	・安全・適切に製作・実装を行い，製作品の動作を点検し，必要に応じて改善・修正する。	⑧安全・適切に製作・実装することができ，製作品の動作点検及び，調整等ができる。 ◇観察 ◇製作品		⑪自らの問題解決とその過程を振り返り，よりよいものとなるよう改善・修正しようとしている。 ※振り返りカード，設計レポート，作業記録カード，完成レポート等と組み合わせて評価する。
18 C(2)イ	・完成した製作品について，発表し相互評価する。		⑨完成した製作品が設定した課題を解決できるかを評価するとともに，設計や製作の過程に対する改善及び修正を考えることができる。 ◇完成レポート ◇ポートフォリオ	
19 20 C(3)アイ	・これまでに学習した内容を振り返る。 ・より安心・安全な社会を構築するエネルギー変換の技術の在り方について話し合い，自分の考えを発表する。	⑫これまでの学習と，エネルギー変換の技術が安心・安全な社会の構築に果たす役割や影響を踏まえ，エネルギー変換の技術の概念を説明できる。 ◇提言レポート	⑬より安心・安全な社会の構築を目指して，エネルギー変換の技術を評価し，適切な管理・運用の仕方や，改良の方向性について提言できる。 ◇提言レポート	⑭より安心・安全な社会の構築に向けて，エネルギー変換の技術を工夫し創造していこうとしている。 ◇提言レポート

4 「思考・判断・表現」の評価の進め方

（1）「思考・判断・表現」の評価の考え方

　技術分野における思考力，判断力，表現力等の目標は簡潔に言うならば「問題を見いだして課題を設定し，解決する力を育成する」ことであるが，このような大きな捉えのままでは適切な時期に評価することは難しい。まず，題材で指導する項目に関係する「内容のまとまりごとの評価規準（例）」を，学習活動に対応できるように解説の記述等を参考に表1のように具体化する必要がある（3編 p.43 「2（4）題材の評価規準の学習活動に即した具体化の検討」を参照）。その上で，これらを地域や学校の実態，生徒の発達の段階や興味・関心，分野間及び他教科等との関連等を考慮し各学校が定めた題材の目標を踏まえて，各項目の繋がりや配当時数，使用する教材，観点の趣旨にふさわしい評価方法などにも配慮し，具体化，整理・統合することとなる。

表1　内容「C　エネルギー変換の技術」　「思考・判断・表現」における「内容のまとまりご
　　との評価規準（例）」を学習指導要領解説を参考に具体化した例

項目	内容のまとまりごとの評価規準(例)	「内容のまとまりごとの評価規準（例）」を具体化した例
（1） 　生活や社会を支えるエネルギー変換の技術	・エネルギー変換の技術に込められた問題解決の工夫について考えている。	a　エネルギー変換の技術に込められた問題解決の工夫を読み取る力を身に付けている。 b　エネルギー変換の技術の見方・考え方に気付く力を身に付けている。
（2） 　エネルギー変換の技術による問題の解決	・問題を見いだして課題を設定し，電気回路又は力学的な機構等を構想して設計を具体化するとともに，製作の過程や結果の評価，改善及び修正について考えている。	c　生活や社会の中からエネルギーの変換や伝達などに関わる問題を見いだして課題を設定する力を身に付けている。 d　課題の解決策を，条件を踏まえて構想し，回路図や製作図等に表す力を身に付けている。 e　試作・試行等を通じて解決策を具体化する力を身に付けている。 f　設計に基づく合理的な解決作業について考える力を身に付けている。 g　課題の解決結果や解決過程を評価，改善及び修正する力を身に付けている。
（3） 　社会の発展とエネルギー変換の技術	・エネルギー変換の技術を評価し，適切な選択と管理・運用の在り方や，新たな発想に基づく改良と応用について考えている。	h　既存のエネルギー変換の技術を，多様な視点で客観的に評価する力を身に付けている。 i　エネルギー変換の技術の適切な選択，管理・運用の在り方を考えたり，新たな改良，応用を発想したりする力を身に付けている。

　思考力，判断力，表現力等を育成するためには，このように具体化，整理・統合した資質・能力が必要となる場面を設定することが基本となる。その育成状況を適切に把握するためには，学習指導要領解説に例示された技術分野の学習過程と項目との関係（図1）を参考に，題材で目指す思考力，判断力，表現力等が可視化されるような学習活動について検討することも大切である。

図1　技術分野の学習過程と，内容「C　エネルギー変換の技術」の項目の関係

（2）「思考・判断・表現」の評価の具体的な方法

　図1の学習過程における「既存の技術の理解」に当たる項目(1)について，本題材では，身の回りの電化製品や機械製品を観察し分解・組立する学習活動や，電車や自動車などの交通機関，組立てロボットなどの産業機械に用いられている技術の仕組みやその開発の経緯・意図を調べる学習活動を行うこととしているが，その時間を十分に確保するために，表1の「a　エネルギー変換の技術に込められた問題解決の工夫を読み取る力を身に付けている。」と「b　エネルギー変換の技術の見方・考え方に気付く力を身に付けている。」を統合して，「3　指導と評価の計画」の②「エ

ネルギー変換の技術に込められた工夫を読み取り，エネルギー変換の技術の見方・考え方に気付くことができる。」という評価規準を設定し，調べた結果をまとめた調べ学習レポートの記述から評価することとしている。

項目(2)では，図1の「課題の設定」，「技術に関する科学的な理解に基づいた設計・計画」，「課題解決に向けた製作」，「成果の評価」という問題を見いだして課題を設定し，解決する一連の学習過程の場面ごとに実現状況を把握し，その結果を組み合わせて，内容のまとまりごとの評価結果を導くようにすることとしている。

この中の「課題の設定」においては，表1の「c　生活や社会の中からエネルギーの変換や伝達などに関わる問題を見いだして課題を設定する力を身に付けている。」を具体化した「3　指導と評価の計画」の④「生活や社会の中からエネルギー変換の技術と安心・安全に関わる問題を見いだして，災害時に必要な課題を設定できる。」により評価するために，問題発見・課題設定シート（図2）を記入させる。このシートを用いて，災害発生時に問題となる状況を具体的に想像したり，資料などをもとに調査したりして問題を見いだし，具体的に解決したい課題を検討する中で，その記述から，安心・安全に関わる問題を見いだし，エネルギー変換の技術によって解決することのできる課題を選択できているか，解決するために必要な条件や機能を具体的に記述できているかを読み取り，評価することとしている。

「技術に関する科学的な理解に基づいた設計・計画」においては，試作するための時間が確保できないことから，回路の設計の際に電気回路シミュレータを使用することとし，表1の「e　試作・試行等を通じて解決策を具体化する力を身に付けている。」を，「d　課題の解決策を，条件を踏まえて構想し，回路図や製作図等に表す力を身に付けている。」と統合し，「3　指導と評価の計画」では，評価規準を⑥「課題の解決策となる災害時に役立つ製品の構造や電気回路を，使用場面などの条件を踏まえて構想し，使用部品を選択したり，設計したりすることができる。」としている。学習活動としては，回路図を含む構想レポート（図3）を用いて，課題を解決するために必要となる機能や性能，そのために必要な部品，さらにそれらをどのように回路として組み合わせるかを検討する中で，その記述から，適切な部品を選択し，電気回路として具体的に表現することができているか，製品の使用時や製造時の利便性，安全性，環境への負荷などについても配慮できているかについて評価することとしている。

「課題解決に向けた製作」においては，表1の「f　設計に基づく合理的な解決作業について考える力を身に付けている。」を具体化した「3　指導と評価の計画」の⑦「設計に基づく合理的な解決作業を決定できる。」について，合理的な解決作業について検討した作業計画表や，進捗を記す作業記録カードにより評価することとしている。

「成果の評価」では，表1の「g　課題の解決結果や解決過程を評価，改善及び修正する力を身に付けている。」を具体化した「3　指導と評価の計画」の⑨「完成した製作品が設定した課題を解決できるかを評価するとともに，設計や製作の過程に対する改善及び修正を考えることがで

災害時の問題を解決しよう！　【問題発見・課題設定シート】

1. 地震や台風の時などの災害時に，どのような問題がおこるでしょうか。家や学校の中にある場所や，食事や遊びなど何をする時に困るのか考えてみましょう。

・停電する
・情報が得られない

　　　問題の発見

2. 「電気に関する技術」で解決できそうな問題を1. から選ぶか，新たに考えて①に書きましょう。次に，①の問題をどのように解決するかを②に書きましょう。

①災害時の問題	②解決の方法
例：停電すると廊下が暗くて歩けない	例：停電したら自動で点灯するライトの開発

エネルギー変換の技術の見方・考え方を働かせ
問題と解決方法を検討

3. あなたが電気の技術で解決したい問題を2. の中から1つ選び，それを解決するためにどのような製品を開発すればよいかについて下の表にまとめましょう。

解決したい問題と開発する製品	（例）停電すると部屋や廊下が暗くて困るという問題を解決するために「停電時用の照明」を開発する。
使用する場所や条件	（例）場所：部屋や廊下　　条件：停電しているため，電源は二次電池などを使用
解決に必要な機能・性能	

課題の設定
（「思考・判断・表現」の評価）

■評価のポイント：問題解決のために，使用場面と条件をもとに解決に必要な機能と性能を具体的に述べられているかを評価する。
■「十分満足できる」状況(A)と判断した生徒の具体的な記述例：「停電したことを感知して点灯し，廊下を歩くのに困らないような明るさの照明」
■「おおむね満足できる」状況(B)と判断した生徒の具体的な記述例：「停電したことを感知して自動で点灯する照明」
■「努力を要する」状況(C)と判断した生徒に対する手立て：身近にある問題や解決事例を具体的に示して，事例を通じてエネルギー変換の技術の見方・考え方に気付かせる。

図2　第6時間目　評価規準④の評価のワークシート例

る。」について，これまでの課題解決の状況を整理したポートフォリオや，課題解決の状況を振り返って自己評価した完成レポートを用いて評価することとしている。

　図1の学習過程における「社会の発展と技術」に当たる項目(3)では，表1の「h　既存のエネルギー変換の技術を，多様な視点で客観的に評価する力を身に付けている。」と「i　エネルギー変換の技術の適切な選択，管理・運用の在り方を考えたり，新たな改良，応用を発想したりする力を身に付けている。」について，技術を「評価」することと，「今後の在り方を考える」ことを一連の流れの中で行うこととし，この二つを統合するとともに，第2学年で履修することを踏まえてiに示された「選択」，「管理・運用」，「改良」，「応用」の中で，「管理・運用」や「改良」を中心に目指すこととし，「3　指導と評価の計画」では評価規準を，⑬「より安心・安全な社会の構築を

災害時の問題を解決しよう！ 【構想レポート】

1. 電源，負荷，スイッチに分けて，実現したい機能とそれに必要な部品を書きましょう。

		電源	負荷	スイッチ
実現したい機能・性能		記述例：いろいろな場所で使えるよう持ち運びができて，容易に交換できる電源にする。	記述例：停電時に暗い足元などを照らすように，LEDを並列にしてより明るくする。	記述例：地震で製品が倒れたらスイッチが入るようにする。

必要な機能・性能の選択

		電源	負荷	スイッチ
必要な部品		☑ 乾電池 ☐ ボタン電池 ☐ USB 5V ☐ その他	☑ LED（*白*色を *2* 個） ☐ オルゴール ☐ 振動モータ ☐ その他	☐ トグルスイッチ ☐ 押しボタンスイッチ ☐ トランジスタで自動スイッチ ☑ その他 記述例：マイクロスイッチ

機能・性能に合う部品の選択

2. 使用する時に便利な機能や安全機能など，工夫できそうなことがあれば書きましょう。

　　記述例：停電した時だけでなく普段暗くなったら自動で点灯する機能をつける。これで廊下の足元の照明として日常的に使用できて停電の時にも困らない。

利便性・安全性・環境への負荷などの考慮

3. 1と2を踏まえ，これらを実現するための回路を考えましょう。
　　次の基本回路に書きこみながら，考えてみましょう。

回路の設計

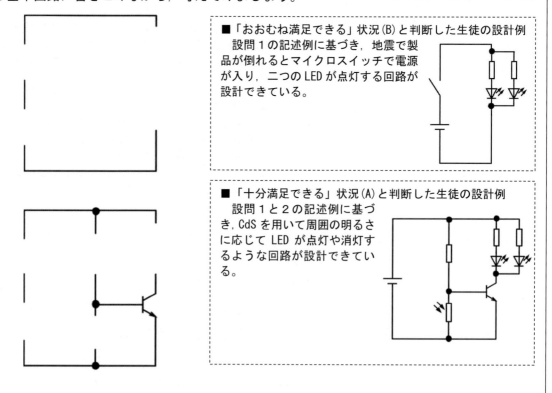

■「おおむね満足できる」状況(B)と判断した生徒の設計例
　　設問1の記述例に基づき，地震で製品が倒れるとマイクロスイッチで電源が入り，二つのLEDが点灯する回路が設計できている。

■「十分満足できる」状況(A)と判断した生徒の設計例
　　設問1と2の記述例に基づき，CdSを用いて周囲の明るさに応じてLEDが点灯や消灯するような回路が設計できている。

図3　第7・8時間目　評価規準⑥の評価のワークシートの例

目指して，エネルギー変換の技術を評価し，適切な管理・運用の仕方や，改良の方向性について提言できる。」としている。学習活動としては，項目(2)の学習活動を振り返らせ，自らの問題解決の工夫と既存のエネルギー変換の技術に込められた問題解決の工夫との共通点を見いださせた上で，より安全な社会を構築するために既存のエネルギー変換の技術を評価し，今後の在り方について考えた結果を提言レポートにまとめ，その内容から，エネルギー変換の技術を多様な視点で客観的に評価する力や，エネルギー変換の技術の在り方や将来展望について考える力等の実現状況を把握することとしている。

（3）多様な評価方法

「思考・判断・表現」の観点では，製作物などの問題解決の結果から評価することには限界があり，問題解決に対する思考の過程や手続きを言語化したり図示させたりするなどしたワークシート等により評価することが多い。しかし，評価方法には様々なものがあり，目標の実現状況の把握という目的だけでなく，観点の特質や評価に要する時間等の条件を踏まえて適切な方法を選択する必要がある。

ア　観察（チェックリスト）

観察はもっとも多く利用されている評価方法と思われるが，記録に残すための評価に用いる場合は，観察しようとする内容を限定し，生起すると予想される行動をあらかじめ想定しておき，それが観察された場合に記録することとなる。その際，観察する目的を明確にし，それに基づいて，対象とする学習活動や方法，記録の仕方を選択することが大切である。例えば，チェックリストを用いて生徒の「思考・判断・表現」に関する評価を実施する場合，観察項目をあらかじめ準備しておくことや評価する場面，対象とする生徒を決めておくこと，Ａ，Ｂ，Ｃとする具体的な状態を事前に明確にしておくことが大切である。

イ　ペーパーテスト

ペーパーテストは主に「知識・技能」の観点の評価で用いられることが多いが，例えば，使用できる部品等の条件を示した上で，目的とする動作をする電気回路を設計させるといった作問の工夫によって「思考・判断・表現」の観点の評価も行うことができる。その際，適切な解答ができなかった生徒が，思考力等が十分に育成されていなかったのか，それとも解答するために必要な知識の習得が不十分であったのかを把握するために，出題する際に必要となる知識を示しておくといったことについて検討することも必要である。

また，ペーパーテストの場合，授業時間内で行う事が多いことから，学習時間の確保といった視点でどのような場面で実施するかについて事前に検討しておくことも大切である。

ウ　ポートフォリオ

技術分野の学習は一つの題材が長期にわたることも多く，その期間の中でどのように生徒が資質・能力を身に付けていっているかを教師が詳細に把握することは容易ではない。このような場合は，ポートフォリオを活用することが考えられる。ワークシートやレポートなどの学習の成

果物をもとにしてポートフォリオを作成することで，生徒の学びの軌跡が可視化され，教師が生徒の変容を確認できるだけでなく，生徒が自身の学びを振り返ることができる。この時，事前に作成する目的を明確にしておくことで，学習記録が精選されたものとなる。また，作成したポートフォリオをもとに検討会を行うなどして，生徒同士の考えを共有し，学びを深めることも可能になる。

技術・家庭科（技術分野）　　事例４

キーワード　長期的な視点に立った評価

題材名	内容のまとまり
サイバーサイバイ大作戦！ 〜情報の技術で素晴らしい社会の発展を目指そう！〜	内容「D　情報の技術」 (1) 生活や社会を支える情報の技術 (2) ネットワークを利用した双方向性のあるコンテンツのプログラミングによる問題の解決 (3) 計測・制御のプログラミングによる問題の解決 (4) 社会の発展と情報の技術

1　題材の目標

　情報の技術の見方・考え方を働かせ，持続可能な社会の構築を目指したスマート農業のモデルを開発する実践的・体験的な活動を通して，生活や社会で利用されている情報の技術についての基礎的な理解を図り，それらに係る技能を身に付け，情報の技術と生活や社会，環境との関わりについて理解を深めるとともに，生活や社会の中から情報の技術に関わる問題を見いだして課題を設定し解決する力，よりよい生活や持続可能な社会の構築に向けて，適切かつ誠実に技術を工夫し創造しようとする実践的な態度を身に付ける。

　※　下線部は，解説の p.48 に示された内容「D　情報の技術」のねらいと「題材の目標」の記載が異なる部分を示す（3編 p.40「2（2）題材の目標の設定」を参照）。

第3編
技　術
事例4

2　題材の評価規準

観点	知識・技能	思考・判断・表現	主体的に学習に取り組む態度
評価規準	生活や社会で利用されている情報の技術についての科学的な原理・法則や基礎的な技術の仕組み，情報モラルの必要性及び，情報の技術と生活や社会，環境との関わりについて理解しているとともに，安全・適切なプログラムの制作，動作の確認及びデバッグ等ができる技能を身に付けている。	農業の発展に関わる問題を見いだして，必要な機能をもつコンテンツのプログラムや計測・制御システムの設計・製作などの課題を設定し，解決策を構想し，実践を評価・改善し，表現するなどして課題を解決する力を身に付けているとともに，よりよい生活の実現や持続可能な社会の構築を目指して情報の技術を評価し，適切に選択，管理・運用，改良，応用する力を身に付けている。	よりよい生活の実現や持続可能な社会の構築に向けて，課題の解決に主体的に取り組んだり，振り返って改善したりして，情報の技術を工夫し創造しようとしている。

　※　下線部は，「評価の観点の趣旨」と「題材の評価規準」の記載が異なる部分を示す（3編 p.41「2（3）題材の評価規準の設定」を参照）。

3 指導と評価の計画（第2学年15時間，第3学年17時間，計32時間）

時間 指導 事項	・学習活動 ※□は取り上げる学習内容例を示す。	○：評価規準の例　と　◇：評価方法の例		
		知識・技能	思考・判断・表現	主体的に学習に取り組む態度
1 2 3 D(1) ア	**第2学年　農業を助ける情報の技術の秘密を探ろう！** ・AIを活用したスマート農業について調べる。 ・疑似的なAIによる，野菜の判別などを体験し，情報処理の仕組みや手順をまとめる。 ・スマート社会の到来に伴う情報モラル・セキュリティの大切さやその仕組み，生活や社会に与える影響を理解する。	①情報の表現，記録，計算，通信などについての科学的な原理・法則や，情報のデジタル化，処理の自動化，システム化などに関わる基礎的な技術の仕組みを説明できる。 ②ネットワークの仕組みをもとに，情報モラル・セキュリティを説明できる。 ◇ワークシート ◇ペーパーテスト		④進んで情報の技術と関わり，主体的に理解し，技能を身に付けようとしている。 ◇振り返りカード
4 D(1) イ	・AIを活用したスマート農業が，どのような条件下で，どのように生活や社会の問題を解決しているのかを，AI体験や自らの栽培経験と比較するなどして見つけ，まとめる。		③AIを活用した農業に込められた工夫を読み取り，情報の技術の見方・考え方に気付くことができる。 ◇ワークシート	
5 D(2) イ	**第2学年　後輩の役に立つ，育成管理お助けコンテンツを開発しよう！** ・生物育成の技術の学習経験を振り返るなどして，学校での栽培の問題を見いだし，育成の管理を支援するための課題を設定する。	＜設定した課題の例＞ ○作物の様子から，必要な育成作業を判断するのが難しかったので，その解決をしたい。 ○作業の後に天気が悪化し，栽培に影響があったので，授業時間の際に，次の授業までの予想天気を知りたい。	⑤学校での栽培の問題を見いだし，情報の技術で解決できる課題を設定できる。 ◇設計ワークシート	

第3編
技　術
事例4

6 7 D(2) イ	・解決策を構想して，試作等を通じて設計を具体化し，アクティビティ図に表す。	<構想した解決策の例> ○作物の様子を入力し，適切な作業を示してくれるQ&Aコンテンツ ○1週間の天気と対応した適切な作業を示すとともに，行なった作業内容を記録しておけるコンテンツ	⑥利用者に配慮した解決策を構想し，情報処理の手順を図に表すことができる。 ◇設計ワークシート	⑩自分なりの新しい考え方や捉え方によって，解決策を構想しようとしている。
8 9 D(2) ア	・サーバに接続し，ユーザ認証を行う，基本プログラムを制作する。 ・情報通信ネットワークの仕組みについて，基本プログラムを参考にワークシートにまとめる。	⑦情報通信ネットワークの構成と，情報を利用するための基本的な仕組みを説明できる。 ◇ワークシート ◇ペーパーテスト		⑪著作権等に気をつけて設計するなど，知的財産を創造，保護及び活用しようとしている。 ※振り返りカード，設計ワークシート等と組み合わせて評価する。
10 11 12 13 D(2) ア	・構想したプログラムを，安全・適切に制作する。 ・動作の確認及びデバッグ等を行うなど，必要に応じてプログラムを改善・修正する。	⑧安全・適切なプログラムの制作，動作の確認及びデバッグ等ができる。 ◇観察 ◇作品 ◇ペーパーテスト		
14 15 D(2) イ	・完成したコンテンツを発表し，相互評価する。 ・社会で利用されているコンテンツと，自分の作品を比較するなどし，解決結果や過程の改善及び修正を考え，レポートにまとめる。		⑨問題解決とその過程を振り返り，社会からの要求を踏まえ，プログラムがよりよいものとなるよう改善及び修正を考えることができる。 ◇完成レポート	⑫自らの問題解決とその過程を振り返り，よりよいものとなるよう改善・修正しようとしている。 ※振り返りカード，設計ワークシート，完成レポート等と組み合わせて評価する。
16	第3学年　スマート農業を実現するサイバーサイバイ技術を開発しよう！			
17 18 D(3) ア	・土の乾燥を自動で通知する基本的な計測・制御システムを制作する。 ・制作した計測・制御システムと，スマート農業で利用されているシステムを比較して整理し，その仕組みをまとめる。	⑬計測・制御システムの基本的な仕組みを説明できる。 ◇ペーパーテスト		

	学習活動			
19 D(3) イ	・これまでの他教科も含む学習経験を振り返るなどして，農業の発展に関わる問題を見いだし，技術的な課題を設定する。	<設定した課題の例> ○夏のハウス栽培の環境管理では熱中症などのリスクが高いので，無人で灌水したい。 ○地元名産の季節野菜を，時期でないときに生産し経済効果を得たい。	⑭農業の発展に関わる問題を見いだし，課題を設定できる。 ◇設計ワークシート	⑱自分なりの新しい考え方や捉え方によって，解決策を構想しようとしている。
20 21 D(3) イ	・スマート農業を実現する視点から解決策を構想し，アクティビティ図や，システムの概略を構想図に表す。	<構想した解決策の例> ○ハウス内の温度及び土壌の乾燥度を計測して判断し，灌水を自動で行うシステム ○温室内の温度を計測して，ヒータのオンオフを自動で行い，寒い季節でも，適切な温度管理を行うシステム	⑮課題の解決策となる計測・制御システムの機能や条件を構想し，大まかな動作を具体化できる。 ◇設計ワークシート	⑲自分なりの新たな発想を行うなど，知的財産を創造，保護及び活用しようとしている。 ◇振り返りカード，設計ワークシート，と組み合わせて評価する。
22 23 24 25 26 27 D(3) ア	・構想したプログラムを，安全・適切に制作する。 ・動作の確認及びデバッグ等を行うなど，必要に応じてプログラムを改善・修正する。	⑯安全・適切なプログラムの制作，センサやアクチュエータも含めた動作の確認及びデバッグ等ができる。 ◇作品 ◇観察 ◇ペーパーテスト		
28 29 D(3) イ	・完成した作品を発表し，相互評価する。 ・実際のスマート農業を調べて自分のシステムと比較するなどし，解決結果や過程の改善及び修正を考えて，レポートにまとめる。		⑰問題解決とその過程を振り返り，社会や環境，経済への影響を考えて，制作したシステムがよりよいものとなるよう改善及び修正を考えることができる。 ◇完成レポート	⑳自らの問題解決とその過程を振り返り，よりよいものとなるよう改善・修正しようとしている。 ※振り返りカード，設計ワークシート，完成レポート等と組み合わせて評価する。
30	第3学年　社会の発展のため，情報の技術との向き合い方を考えよう！			
31 32 D(4) ア イ	・よりよい生活の実現や持続可能な社会の構築に向けた情報の技術による問題の解決について，自分の考えを発表する。 ・今後の情報の技術の在り方について統合的な内容の視点から捉え，自分の考えを発表する。	㉑これまでの学習と，情報の技術がよりよい生活の実現や持続可能な社会の構築に果たす役割や影響を踏まえ，情報の技術の概念を説明できる。 ◇ワークシート	㉒よりよい生活の実現や持続可能な社会の構築を目指して，情報の技術を評価し，新たな発想に基づいた改良や応用の仕方を提言できる。 ◇ワークシート	㉓よりよい生活の実現や持続可能な社会の構築に向けて，情報の技術を工夫し創造していこうとしている。 ◇ワークシート

4　長期的な視点に立った評価の進め方

（1）長期的な視点に立った観点別学習状況の評価の考え方

　　技術分野の場合，内容AからDの履修学年については，生徒の発達の段階や興味・関心，学校や地域の実態，分野間及び他教科等との関連を考慮し，3学年間にわたる全体的な指導計画に基づき

持続可能な社会の発展と情報の技術

設問Ⅰ　情報の技術とはなんだろう？

①あなたはプログラムで問題を解決するためにどんな工夫をしましたか？学年ごとに思い出して，書いてみよう。

（例）2年生のとき，外でもタブレットPCからサーバに通信しやすいよう，画像の通信はしないプログラムにする，という工夫をしました

2年生のとき

　　　　　　　　　という工夫をしました

3年生のとき

　　　　　　　　　という工夫をしました

②社会で利用されている情報の技術は，問題を解決するために，どんな工夫をしているか調べてみよう！

（例）広い田畑の作物の育ち具合を簡単に把握できるよう，ドローンで撮影した画像をプログラムで解析し，栄養状況を判断する。

③次の情報の技術を開発・利用する視点について，①と②に共通していると思うことに☑をつけよう。

□社会からの要求　□使用時の安全性　□効率性　□安定性　□メンテナンスの容易さ
□デジタル化の容易さ　　□ネットワークの速度　□ファイルのサイズ　　□経済性
□情報の倫理やセキュリティ　□使用するコンピュータの性能や機能　　など

④情報の技術を開発・利用するときには，何を大切にしたらよいだろう。あなたの考えを書いてみよう。

評価規準㉑「知識・技能」の評価

設問Ⅱ　持続可能な発展を実現する情報の技術の在り方を考えてみよう！

①最新の情報の技術の活用（人工知能，医療ロボット，惑星探査など）について，教科書などを使って調べてみよう。

②調べたものからひとつを選び，その技術の優れた点と問題点を整理し，みんなと共有しよう。

私の選んだ技術	
優れた点	問題点

③持続可能な発展のためには，情報の技術で，どのような問題を解決したらいいのだろう？また，その時は，どのような技術を開発したらいいのだろう？Ⅰ④やⅡ①②を踏まえて考えてみよう！

	そのときは	（その理由）
という問題を解決したい	という技術で解決する	

評価規準㉒「思考・判断・表現」の評価

設問Ⅲ　題材の学習を振り返り，技術と上手に向き合っていこう

よりよい生活の実現や，持続可能な社会の構築を目指して，あなたは情報の技術と（または学習してきた技術と）どのように向き合っていきたいですか。あなたの気持ちを書きましょう。

評価規準㉓「主体的に学習に取り組む態度」の評価

第32時間目　評価規準㉓の評価の例

■「十分満足できる」状況（A）と判断した生徒の具体的な記述例

◆記述例：「情報の技術はいろんな技術をつなげてシステム化できるほか，効率よくものづくりをしたり，エネルギーの問題を解決するものの開発が進んだりするなど，今後の社会になくてはならないものだ。しかし便利な技術の開発が，オゾン層の破壊や二酸化炭素排出など，環境破壊につながることもある。私たちは技術のことをよく理解し，ただ進歩を待つのではなく，よりよい社会になるよう，自分なりに改善を考えたり，新しい技術が生まれることに関わっていったりします。」

●読み取りのポイント：内容統合的に技術を捉えている。技術を複数の立場や側面から捉え，評価している。技術の評価の結果を踏まえ，持続可能な社会の構築のため，将来を見通し技術を応用，創造するなどの意志を示している。

■「おおむね満足できる」状況（B）と判断した生徒の具体的な記述例

◆記述例：「情報の技術が発展することで，スマート農業，医療技術など，たくさんの技術が便利になり社会が良くなる。しかしSNSなどで，人が傷つくような機能や使い方はあってはいけないと思う。私たちは，情報の技術をなんとなく使うのではなく，特徴やリスク見極めて，社会に役立つよう改良していくことが大事だと思う。」

●読み取りのポイント：情報の技術のプラス面やマイナス面など評価をしている。技術の評価の結果を踏まえ，持続可能な社会の構築のために，情報の技術を改良，応用するなどの意志を示している。

■「努力を要する」状況（C）と判断した生徒の記述に対する手立て

他の生徒の記述を読んだ後に，一緒に3年間の学習と，本事例での学習を振り返る。そして，情報の技術で便利になっていること，問題になっていることを確認する中で，自分にもできる技術開発への関わり方に気付かせ，記述もしくは口頭で，技術の向き合い方を提言させる。

第3編
技　術
事例4

図1　第30〜32時間目　評価規準㉑,㉒,㉓の評価の例（「社会の発展と情報の技術」の例）

各学校で適切に定めるようにすることとされている。また，学習指導要領解説には，内容の各項目について，各項目及び各項目に示す事項の関連性や系統性に留意し，適切な時期に分散して履修させる場合や特定の時期に集中して履修させる場合，3学年間を通して履修させる場合などがあることも例示されている。特に，一つの題材を二つの学年にまたがって断続的に指導するような場合には，発達の段階や生徒の実態，題材の学習の継続性にも配慮して，適切な評価規準を設定することが求められる。

例えば本事例では，第2学年では内容Dの「(2)ネットワークを利用した双方向性のあるコンテンツのプログラミングによる問題の解決」に取り組み，第3学年では内容Dの「(3)計測・制御のプログラミングによる問題の解決」に取り組む。それぞれに課題の設定に関する学習が位置づけられているが，「3　指導と評価の計画」では第2学年で履修する評価規準⑤を「学校での栽培の問題を見いだし，情報の技術で解決できる課題を設定できる」とし，第3学年で履修する⑭を「農業の発展に関わる問題を見いだし，課題を設定できる」として，題材の学習が進むにつれて生徒が問題を見いだす範囲が広がるように考慮している。

また，「3　指導と評価の計画」の第30〜32時間目の内容Dの「(4)社会の発展と情報の技術」にあたる学習活動では，二つの学年をまたがって継続的に育成した観点別学習状況を評価するために，図1のようなワークシートを用いた評価方法の工夫を行っている。図1の設問Ⅰにおいて，第2学年における学習で用いたワークシートや作品を活用しながら，長期的な視点から学習を振り返らせることで，情報の技術の概念について理解させ，その記述から，「3　指導と評価の計画」の評価規準㉑「これまでの学習と，情報の技術がよりよい生活の実現や持続可能な社会の構築に果たす役割や影響を踏まえ，情報の技術の概念を説明できる。」について評価することとしている。そして，図1の設問Ⅱにおいて，先の技術の概念の理解に基づいて，最新の情報技術を客観的に評価させ，新たな発想に基づく改良と応用について考えさせ，その記述から，「3　指導と評価の計画」の評価規準㉒「よりよい生活の実現や持続可能な社会の構築を目指して，情報の技術を評価し，新たな発想に基づいた改良や応用の仕方を提言できる。」について評価することとなる。

さらに図1の設問Ⅲでは，学年をまたいだ題材の学習を振り返りながら，これからの技術の在り方や発展について，生徒自身がどのように向き合っていきたいかをまとめさせている。このとき，第3学年の学習では内容Dの(3)を核とした統合的な問題の解決に取り組んでいるため，情報の技術を窓口にしながら，他の内容の技術を総合的に捉えて技術を適切に工夫し創造しようとする態度という3年間の技術分野のまとめとして，「3　指導と評価の計画」の評価規準㉓「よりよい生活の実現や持続可能な社会の構築に向けて，情報の技術を工夫し創造していこうとしている。」の実現状況を把握する。そのため，ここでは，複数の技術を統合的にとらえて積極的に活用しようとする姿勢を読み取れる場合は「十分満足できる」状況（A）と判断することができると考える。

（2）統合的な問題を扱う「技術による問題の解決」での観点別学習状況の評価の進め方

「3　指導と評価の計画」の第16〜29時間目では，内容Dの項目(3)にあたる「計測・制御のプログラミングによる問題の解決」に取り組む。第3学年の学習では，学習指導要領の内容の取扱い(6)ウに示されている統合的な問題の解決を扱うため，本事例では内容「B　生物育成の技術」と関連付けて，農業の発展に関わる問題を見いださせたり，生物育成の技術と計測・制御の技術とを

関連付けて問題の解決に取り組ませたりする。しかし題材の学習を通して育成をねらうのは内容「D 情報の技術」に関わる資質・能力であることから，「3　指導と評価の計画」では内容「B 生物育成の技術」に関わる評価規準を設定していない。このように，統合的な問題の解決を扱う場合は，題材で扱う項目がねらう資質・能力を評価の対象として，他の内容は学習過程において活用されるものと捉えて評価の対象にしないようにすることに配慮が必要である。

（3）グループで問題の解決を行う場合の観点別学習状況の評価の進め方

指導時間数や教材整備等の理由から，一つのシステムを4人で協力して制作するなど，グループで取り組むことも想定される。その場合でも，観点別学習状況による評価では，生徒一人一人の目標の実現状況を適切に把握する必要があり，そのために評価方法の工夫が必要となる。

例えば，「3　指導と評価の計画」の第22〜27時間目において，設計に基づいてシステムを制作する学習では，駆体や機構などの製作にグループで取り組む中で，プログラムは一人一人が試作して，誰のプログラムを実装したらよいか，それはどのように改良したらよいかなどを，グループで検討させるという学習活動としている。ここでは，評価規準⑯「安全・適切なプログラムの制作，センサやアクチュエータも含めた動作の確認及びデバッグ等ができる」について評価する必要があることから，生徒一人一人が試作したプログラムが課題の解決に適した構成になっているかを評価するという方法をとることが考えられる。さらに，「工場の生産ラインで，先生が用意した装置を，次の条件で動作させるプログラムを自分一人で制作して適切に動作させなさい」といった授業で取り組んだ課題とは異なる発展的な課題に取り組ませることや，ペーパーテストと観察を組み合わせるといったことも考えられる。

（4）評価の総括の進め方

本事例の場合，題材を設定する時期は図2のように二つのパターンが想定される。基本的には，第1時間目から第32時間目までを一連の学習として捉えるため，パターンAのように学年をまたいで指導するよう設定する。しかし，理科における電気に関する内容との関連を考慮して，パターンBのように第1時間目から第15時間目の内容を第2学年の前半に設定し，第2学年の後半に内容「C エネルギー変換の技術」の題材を設定することも考えられる。

いずれのパターンでも，技術分野のどの部分で望ましい学習状況が認められ，どの部分に課題が認められるかを明らかにすることにより，具体的な学習や指導の改善に生かすという観点別学習状況の評価の役割が果たせるよう，学校が生徒に評価結果を示すよう定めた期間の中で指導した内容について，観点別学習状況による評価を実施し，それを総括することが必要である。

●パターンA

	4月 ―――――――→ 3月
第1学年	
第2学年	D(1), D(2) 15h
第3学年	D(3), D(4) 17h

●パターンB

	4月 ―――――――→ 3月
第1学年	
第2学年	D(1), D(2) 15h　C(1), (2), (3) 20h
第3学年	D(3), D(4) 17h

図2　本事例における題材を，学年をまたいで設定するパターンの例

【家庭分野】

第1章　「内容のまとまりごとの評価規準」の考え方を踏まえた評価規準の作成

1　本編事例における学習評価の進め方について

　題材における観点別学習状況の評価を実施するに当たり，まずは年間の指導と評価の計画を確認することが重要である。その上で，学習指導要領の目標や内容，「内容のまとまりごとの評価規準」の考え方等を踏まえ，以下のように進めることが考えられる。なお，複数の題材にわたって評価を行う場合など，以下の方法によらない事例もあることに留意する必要がある。

評価の進め方	留意点
1 題材の目標を 作成する	○　学習指導要領の目標や内容，学習指導要領解説等を踏まえて作成する。 ○　生徒の実態，前題材までの学習状況等を踏まえて作成する。 ※　題材の目標及び評価規準の関係性（イメージ）については下図参照 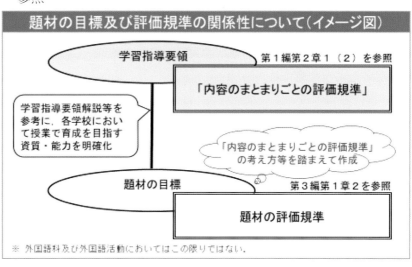
2 題材の評価規準を 作成する	
3 「指導と評価の計画」 を作成する	○　1，2を踏まえ，評価場面や評価方法等を計画する。 ○　どのような評価資料（生徒の反応やノート，ワークシート，作品等）を基に，「おおむね満足できる」状況（B）と評価するかを考えたり，「努力を要する」状況（C）への手立て等を考えたりする。
授業を行う	○　3に沿って観点別学習状況の評価を行い，生徒の学習改善や教師の指導改善につなげる。
4 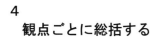 観点ごとに総括する	○　集めた評価資料やそれに基づく評価結果などから，観点ごとの総括的評価（A，B，C）を行う。

第3編
家　庭
分　野

2　題材の評価規準の作成のポイント

　技術・家庭科家庭分野では，学習指導要領の各項目に示される指導内容を指導単位にまとめて組織して題材を構成し，分野の目標の実現を目指している。題材の設定に当たっては，各項目及び各項目に示す指導事項との関連を見極め，相互に有機的な関連を図り，系統的及び総合的に学習が展開されるよう配慮するとともに，各項目に配当する授業時数と履修学年については，生徒や学校，地域の実態等に応じて，各学校において適切に定めることとしている。そのため，実際の指導に当たっては，履修学年を踏まえて，「題材の目標」及び「題材の評価規準」を作成した上で，学習指導要領解説（以下「解説」）の記述を参考にするなどして，「題材の評価規準」を学習活動に即して具体化することが必要となる。

　本事例編では，「内容のまとまりごとの評価規準」の考え方を踏まえた，「題材の目標」及び「題材の評価規準」の作成の仕方等について，事例1　題材「健康・快適で持続可能な衣生活（第2学年）」を例として示す。

（1）題材の検討

　学習指導要領に基づき，解説に示された配慮事項及び各内容の特質を踏まえるとともに，生徒の発達の段階等に応じて，効果的な学習が展開できるよう，内容「A家族・家庭生活」から「C消費生活・環境」までの各内容項目や指導事項の相互の関連を図ることが大切である。その上で，指導する内容に関係する学校，地域の実態，生徒の興味・関心や学習経験を踏まえ，より身近な題材を設定するよう配慮する。

【設定した題材の例】

> 題材名　健康・快適で持続可能な衣生活（第2学年）

（2）題材の目標の設定

　題材の目標は，学習指導要領に示された分野の目標並びに題材で指導する項目及び指導事項を踏まえて設定する。

　なお，以下に示した目標は，「B衣食住の生活」の（4）「衣服の選択と手入れ」のアの(ア)，(イ)及びイ，（5）「生活を豊かにするための布を用いた製作」のア及びイの指導事項の関連を図って設定している。

【題材　「健康・快適で持続可能な衣生活（第2学年）」の目標の例】

> (1)　衣服と社会生活との関わり，目的に応じた着用，個性を生かす着用，衣服の適切な選択，衣服の計画的な活用の必要性，日常着の手入れ及び製作する物に適した材料や縫い方，用具の安全な取扱いについて理解するとともに，それに係る技能を身に付ける。
>
> (2)　衣服の選択，材料や状態に応じた日常着の手入れの仕方，生活を豊かにするための布を用いた物の製作計画や製作について問題を見いだして課題を設定し，解決策を構想し，実践を評価・改善し，考察したことを論理的に表現するなどして課題を解決する力を身に付ける。

(3) よりよい生活の実現に向けて，衣服の選択，材料や状態に応じた日常着の手入れの仕方，生活を豊かにするための布を用いた製作について，課題の解決に主体的に取り組んだり，振り返って改善したりして，生活を工夫し創造し，実践しようとする。

（3）題材の評価規準の設定

　題材の評価規準は，「内容のまとまりごとの評価規準（例）」から題材において指導する項目及び指導事項に関係する部分を抜き出し，評価の観点ごとに整理・統合，具体化するなどして作成する。

　以下は，題材「健康・快適で持続可能な衣生活（第2学年）」の「題材の評価規準」であり，「B 衣食住の生活」の（4）「衣服の選択と手入れ」のアの(ア)，(イ)及びイ，(5)「生活を豊かにするための布を用いた製作」のア及びイの「内容のまとまりごとの評価規準(例)」を参考に設定している。

【題材「健康・快適で持続可能な衣生活（第2学年）」の評価規準の検討例】

	知識・技能	思考・判断・表現	主体的に学習に取り組む態度
内容のまとまりごとの評価規準(例)	B(4)ア(ア)　衣服と社会生活との関わりが分かり，目的に応じた着用，個性を生かす着用及び衣服の適切な選択について理解している。 B(4)ア(イ)　衣服の計画的な活用の必要性，衣服の材料や状態に応じた日常着の手入れについて理解しているとともに，適切にできる。	B(4)イ　衣服の選択，材料や状態に応じた日常着の手入れの仕方について問題を見いだして課題を設定し，解決策を構想し，実践を評価・改善し，考察したことを論理的に表現するなどして課題を解決する力を身に付けている。	よりよい生活の実現に向けて，衣服の選択と手入れについて，課題の解決に主体的に取り組んだり，振り返って改善したりして，生活を工夫し創造し，実践しようとしている。
	B(5)ア　製作する物に適した材料や縫い方について理解しているとともに，用具を安全に取り扱い，製作が適切にできる。	B(5)イ　<u>資源や環境に配慮し，</u>生活を豊かにするための布を用いた物の製作計画や製作について問題を見いだして課題を設定し，解決策を構想し，実践を評価・改善し，考察したことを論理的に表現するなどして課題を解決する力を身に付けている。	よりよい生活の実現に向けて，生活を豊かにするための布を用いた製作について，課題の解決に主体的に取り組んだり，振り返って改善したりして，生活を工夫し創造し，実践しようとしている。

| 題材の評価規準 | ・衣服と社会生活との関わりが分かり，目的に応じた着用，個性を生かす着用及び衣服の適切な選択について理解している。

・衣服の計画的な活用の必要性，衣服の材料や状態に応じた日常着の手入れについて理解しているとともに，適切にできる。

・製作する物に適した材料や縫い方について理解しているとともに，用具を安全に取り扱い，製作が適切にできる。 | 衣服の選択，材料や状態に応じた日常着の手入れの仕方，生活を豊かにするための布を用いた物の製作計画や製作について問題を見いだして課題を設定し，解決策を構想し，実践を評価・改善し，考察したことを論理的に表現するなどして課題を解決する力を身に付けている。 | よりよい生活の実現に向けて，衣服の選択，<u>材料や状態に応じた日常着の手入れの仕方</u>，生活を豊かにするための布を用いた製作について，課題の解決に主体的に取り組んだり，振り返って改善したりして，生活を工夫し創造し，実践しようとしている。 |

※ 下線部は「内容のまとまりごとの評価規準（例）」と「題材の評価規準」の記載が異なる部分を示す。

（4）題材の評価規準の学習活動に即した具体化の検討
①「内容のまとまりごとの評価規準（例)」の具体化の検討

　家庭分野の授業において評価を行う際には，学習指導要領における各内容の各項目及び指導事項が３学年まとめて示されていることから，「題材の評価規準」を学習活動に即して具体化する必要がある。

　そこで，「題材の評価規準」の基となっている「内容のまとまりごとの評価規準（例）」を，次のポイントに留意して具体化する。

【「『内容のまとまりごとの評価規準（例)』を具体化した例」を作成する際のポイント】

〇「知識・技能」のポイント

・「知識・技能」については，「内容のまとまりごとの評価規準」の作成において述べたように，その文末を，「〜について理解している」，「〜について理解しているとともに，適切にできる」として，評価規準を作成する。

※「Ａ家族・家庭生活」の（1）については，その文末を「〜に気付いている」として，評価規準を作成する。

〇「思考・判断・表現」のポイント

・「思考・判断・表現」については，基本的には，「内容のまとまりごとの評価規準」の作成において述べたように，教科の目標の（2）に示されている学習過程に沿って，各題材において，次に示す四つの評価規準を設定し，評価することが考えられる。ただし，これらの評価規準

は，各題材の構成に応じて適切に位置付けることに留意する必要がある。

・具体的には，①家族・家庭や地域における生活の中から問題を見いだし，解決すべき課題を設定する力については，その文末を「〜について問題を見いだして課題を設定している」，②解決の見通しをもって計画を立てる際，生活課題について多角的に捉え，解決方法を検討し，計画，立案する力については，その文末を「〜について（実践に向けた計画を）考え，工夫している」，③課題の解決に向けて実践した結果を評価・改善する力については，その文末を「〜について，実践を評価したり，改善したりしている」，④計画や実践について評価・改善する際に，考察したことを論理的に表現する力については，その文末を「〜についての課題解決に向けた一連の活動について，考察したことを論理的に表現している。」として，評価規準を設定することができる。

○「主体的に学習に取り組む態度」のポイント

・「主体的に学習に取り組む態度」については，「思考・判断・表現」と同様に，基本的には，「内容のまとまりごとの評価規準」の作成において述べたように，各題材の学習過程において三つの側面から評価規準を設定し，評価することが考えられる。ただし，これらの評価規準は，各題材の構成に応じて適切に位置付けることに留意する必要がある。

・具体的には，①粘り強さについては，その文末を「〜について，課題の解決に主体的に取り組もうとしている」，②自らの学習の調整については，その文末を「〜について，課題解決に向けた一連の活動を振り返って改善しようとしている」として，評価規準を設定することができる。③実践しようとする態度については，その文末を「〜について工夫し創造し，実践しようとしている」として，評価規準を設定することができる。

上記作成する際のポイントにしたがって，「Ｂ衣食住の生活」の(4)「衣服の選択と手入れ」の「『内容のまとまりごとの評価規準（例)』を具体化した例」を示す。

【「Ｂ衣食住の生活」の(4)「衣服の選択と手入れ」】

	知識・技能	思考・判断・表現	主体的に学習に取り組む態度
内容のまとまりごとの評価	・衣服と社会生活との関わりが分かり，目的に応じた着用，個性を生かす着用及び衣服の適切な選択について理解している。 ・衣服の計画的な活用の必要性，衣服の材料や状態に応じた日常着の手入れについて理解しているとともに，適切にできる。 ［・洗濯 ・補修	・衣服の選択，材料や状態に応じた日常着の手入れの仕方について問題を見いだして課題を設定している。 ［・洗濯 ・補修 ・衣服の選択，材料や状態に応じた日常着の手入れの仕方について考え，工夫している。 ・衣服の選択，材料や状態に応じた日常着の手入れの仕	・よりよい生活の実現に向けて，衣服の選択，材料や状態に応じた日常着の手入れの仕方について，課題の解決に主体的に取り組もうとしている。 ・よりよい生活の実現に向けて，衣服の選択，材料や状態に応じた日常着の手入れの仕方について，課題解決に向けた一連の活動を振り返って改善しようとしてい

- 85 -

	知識・技能	思考・判断・表現	主体的に学習に取り組む態度
規準(例)を具体化した例		・方について，実践を評価したり，改善したりしている。 ・衣服の選択，材料や状態に応じた日常着の手入れの仕方についての課題解決に向けた一連の活動について，考察したことを論理的に表現している。	る。 ・よりよい生活の実現に向けて，衣服の選択，材料や状態に応じた日常着の手入れの仕方について工夫し創造し，実践しようとしている。

② 題材の評価規準を学習活動に即して具体化

　上記に示した「B衣食住の生活」の(4)「衣服の選択と手入れ」の「『内容のまとまりごとの評価規準（例)』を具体化した例」を基に，解説における記述等を参考に学習活動に即して，具体的な評価規準を設定する。以下は，事例1　題材「健康・快適で持続可能な衣生活（第2学年）」を例に示したものである。

　これらを設定することにより，目標に照らして生徒の学習状況を把握することができる。

	知識・技能	思考・判断・表現	主体的に学習に取り組む態度
B (4)	・衣服と社会生活との関わりが分かり，目的に応じた着用，個性を生かす着用について理解している。 ・衣服の適切な選択について理解している。 ・衣服の計画的な活用の必要性について理解している。 ・衣服の材料や汚れ方に応じた日常着の洗濯の仕方について理解しているとともに，適切にできる。 ・衣服の状態に応じた日常着の補修の仕方について理解しているとともに，適切にできる。	・健康・快適で持続可能な衣生活を送るために，衣服の選択，日常着の手入れ，衣服等の再利用などについて問題を見いだして課題を設定している。 ・衣服の選択について問題を見いだして課題を設定している。 ・材料や汚れ方に応じた日常着の洗濯の仕方について問題を見いだして課題を設定している。 ・衣服の選択について考え，工夫している。 ・材料や汚れ方に応じた日常着の洗濯の仕方について考え，工夫している。 ・衣服の選択について，実践を評価したり，改善したりしている。 ・材料や汚れ方に応じた日常着の洗濯の仕方について，実践を評価したり，改善したりしている。 ・材料や汚れ方に応じた日常着の洗濯の仕方についての課題解決に向けた一連の活動について，考察したことを論理的に表現して	・衣服の選択，材料や状態に応じた日常着の手入れの仕方について，課題の解決に主体的に取り組もうとしている。 ・衣服の選択，材料や状態に応じた日常着の手入れの仕方について，課題解決に向けた一連の活動を振り返って改善しようとしている。 ・よりよい衣生活の実現に向けて，衣服の選択，材料や状態に応じた日常着の手入れの仕方について工夫し創造し，実践しようとしている。

		いる。	
B (5)	・製作する物に適した材料や縫い方について理解しているとともに，製作が適切にできる。 ・用具の安全な取扱いについて理解しているとともに，適切にできる。	・自分や家族の衣服等の再利用について問題を見いだして課題を設定している。 ・衣服等の再利用の製作計画について考え，工夫している。 ・衣服等を再利用した製作について，実践を評価したり，改善したりしている。 ・健康・快適で持続可能な衣生活を送るための課題解決に向けた一連の活動について，考察したことを論理的に表現している。	・衣服等の再利用の製作計画や製作について，課題の解決に主体的に取り組もうとしている。 ・衣服等の再利用の製作計画や製作について，課題解決に向けた一連の活動を振り返って改善しようとしている。 ・よりよい衣生活の実現に向けて，衣服等の再利用の製作計画や製作について工夫し創造し，実践しようとしている。

第2章　学習評価に関する事例について

1　事例の特徴

　第1編第1章2（4）で述べた学習評価の改善の基本的な方向性を踏まえつつ，平成29年改訂学習指導要領の趣旨・内容の徹底に資する評価の事例を示すことができるよう，本参考資料における事例は，原則として以下のような方針を踏まえたものとしている。

○　題材に応じた評価規準の設定から評価の総括までとともに，生徒の学習改善及び教師の指導改善までの一連の流れを示している

　本参考資料で提示する事例は，いずれも，題材の評価規準の設定から評価の総括までとともに，評価結果を生徒の学習改善や教師の指導改善に生かすまでの一連の学習評価の流れを念頭においたものである（事例の一つは，この一連の流れを特に詳細に示している）。なお，観点別の学習状況の評価については，「おおむね満足できる」状況，「十分満足できる」状況，「努力を要する」状況と判断した生徒の具体的な状況の例などを示している。「十分満足できる」状況という評価になるのは，生徒が実現している学習の状況が質的な高まりや深まりをもっていると判断されるときである。

○　観点別の学習状況について評価する時期や場面の精選について示している

　報告や改善等通知では，学習評価については，日々の授業の中で生徒の学習状況を適宜把握して指導の改善に生かすことに重点を置くことが重要であり，観点別の学習状況についての評価は，毎回の授業ではなく原則として単元や題材など内容や時間のまとまりごとに，それぞれの実現状況を把握できる段階で行うなど，その場面を精選することが重要であることが示された。このため，観点別の学習状況について評価する時期や場面の精選について，「指導と評価の計画」の中で，具体的に示している。

○　評価方法の工夫を示している

　生徒の反応やノート，ワークシート，作品等の評価資料をどのように活用したかなど，評価方法の多様な工夫について示している。

2　各事例概要一覧と事例

事例1　キーワード　指導と評価の計画から評価の総括まで
「健康・快適で持続可能な衣生活」（第2学年）

　本事例は，「B衣食住の生活」の(4)「衣服の選択と手入れ」アの(ア)，(イ)及びイと(5)「生活を豊かにするための布を用いた製作」のア及びイとの関連を図った題材である。健康・快適で持続可能な衣生活についての題材全体を貫く課題を設定するとともに，その解決に向けて「衣服の選択」「日常着の手入れ」「衣服等の再利用」の三つの課題を設定し，一連の学習過程を繰り返す。題材の指導と評価の計画を示すとともに，多様な評価方法，観点ごとの配慮事項，観点別評価の総括の考え方などについて示している。

事例2　キーワード　「知識・技能」の評価
「自立した消費者となるために」（第3学年）

　本事例は，「C消費生活・環境」の(1)「金銭の管理と購入」のア及びイと(2)「消費者の権利と責任」のア及びイとの関連を図った題材である。自立した消費者となるための課題を設定し，解決に向けて取り組む一連の学習過程における「知識・技能」の評価方法や評価の時期について示している。

事例3　キーワード　「思考・判断・表現」の評価
「家族・家庭や地域との関わり」（第1学年）

　本事例は，「A家族・家庭生活」の(3)「家族・家庭や地域との関わり」のア及びイとの関連を図った題材である。家族関係をよりよくする方法や，高齢者など地域の人々と関わり協働する方法について課題を設定し，解決に向けて取り組む一連の学習過程における「思考・判断・表現」の評価方法や評価の時期について示している。

事例4　キーワード　「思考・判断・表現」「主体的に学習に取り組む態度」の評価
「我が家の防災対策」（第3学年）

　本事例は，「B衣食住の生活」の(6)「住居の機能と安全な住まい方」の学習を基礎とし，A(3)「家族・家庭や地域との関わり」との関連を図ったB(7)「衣食住の生活についての課題と実践」の住生活に関する題材である。様々な自然災害に対して備えるための住空間の整え方について，課題を設定し，解決に向けて取り組む一連の学習過程における「思考・判断・表現」及び「主体的に学習に取り組む態度」の評価方法や評価の時期について示している。

技術・家庭科（家庭分野）　　事例1
キーワード　指導と評価の計画から評価の総括まで

題材名	内容のまとまり
健康・快適で持続可能な衣生活	第2学年「B衣食住の生活」 　　（4）衣服の選択と手入れ 　　（5）生活を豊かにするための布を用いた製作

　この題材は，「B衣食住の生活」の(4)「衣服の選択と手入れ」アの(ア)，(イ)及びイと(5)「生活を豊かにするための布を用いた製作」のア及びイとの関連を図っている。衣服の選択，日常着の手入れ，生活を豊かにするための布を用いた製作について課題をもち，それらに関する基礎的・基本的な知識及び技能を身に付け，これからの生活を展望して課題を解決する力や，健康・快適で持続可能な衣生活を工夫し創造しようとする実践的な態度を育成することをねらいとしている。

　題材の始めに，「健康・快適で持続可能な衣生活」を送るための「題材全体を貫く課題」を設定し，課題1「衣服の選択」，課題2「日常着の手入れ」，課題3「衣服等の再利用」という三つの問題解決的な学習を繰り返してその解決を図る構成としている。

　本事例は，指導と評価の計画から評価の総括までについて具体的に示している。

1　題材の目標

（1）衣服と社会生活との関わり，目的に応じた着用，個性を生かす着用，衣服の適切な選択，衣服の計画的な活用の必要性，日常着の手入れ及び製作する物に適した材料や縫い方，用具の安全な取扱いについて理解するとともに，それらに係る技能を身に付ける。

（2）衣服の選択，材料や状態に応じた日常着の手入れの仕方，生活を豊かにするための布を用いた物の製作計画や製作について問題を見いだして課題を設定し，解決策を構想し，実践を評価・改善し，考察したことを論理的に表現するなどして課題を解決する力を身に付ける。

（3）よりよい生活の実現に向けて，衣服の選択，材料や状態に応じた日常着の手入れの仕方，生活を豊かにするための布を用いた製作について，課題の解決に主体的に取り組んだり，振り返って改善したりして，生活を工夫し創造し，実践しようとする。

2　題材の評価規準

知識・技能	思考・判断・表現	主体的に学習に取り組む態度
・衣服と社会生活との関わりが分かり，目的に応じた着用，個性を生かす着用及び衣服の適切な選択について理解している。 ・衣服の計画的な活用の必要性，衣服の材料や状態に応じた日常着の手入れについて理解しているとともに，適切にできる。 ・製作する物に適した材料や縫い方について理解しているとともに，用具を安全に取り扱い，製作が適切にできる。	衣服の選択，材料や状態に応じた日常着の手入れの仕方，生活を豊かにするための布を用いた物の製作計画や製作について問題を見いだして課題を設定し，解決策を構想し，実践を評価・改善し，考察したことを論理的に表現するなどして課題を解決する力を身に付けている。	よりよい生活の実現に向けて，衣服の選択，材料や状態に応じた日常着の手入れの仕方，生活を豊かにするための布を用いた製作について，課題の解決に主体的に取り組んだり，振り返って改善したりして，生活を工夫し創造し，実践しようとしている。

※第3編83〜84ページ「題材の評価規準の設定」を参照する。

3 指導と評価の計画（14時間）

〔1〕 衣服の一生（衣服の選択から廃棄まで）　　　　　　　　　　　　1時間
〔2〕 衣服の選択と着用（課題1）　　　　　　　　　　　　　　　　　2時間
〔3〕 衣服を長く大切に（課題2）　　　　　　　　　　　　　　　　　4時間
〔4〕 衣服等を再利用した生活を豊かにする物の製作（課題3）　　　　6時間
〔5〕 健康・快適で持続可能な衣生活を送るために　　　　　　　　　　1時間

小題材	時間	ねらい・学習活動	評価規準・評価方法		
			知識・技能	思考・判断・表現	主体的に学習に取り組む態度
衣服の一生	1	○健康・快適で持続可能な衣生活を送ることについて問題を見いだし，課題を設定することができる。 ・小学校での学習や，今までの経験から，衣服を選ぶ際に困ったことや，失敗したこと等の問題を見いだし，課題を設定する。 ・毎日着る制服は，どのように手入れをしているのか，また，どんな手入れの方法があるのかを考える。 ・着なくなった制服の再利用などについて考える。		題材全体を貫く課題 ①健康・快適で持続可能な衣生活を送るために，衣服の選択，日常着の手入れ，衣服等の再利用などについて問題を見いだして課題を設定している。 ・学習カード	
		健康・快適で持続可能な衣生活を送るためには，どのようなことが大切なのだろう			
衣服の選択と着用	2・3	○衣服と社会生活との関わり，目的に応じた着用，個性を生かす着用，衣服の適切な選択について理解するとともに，衣服の選択について考え，工夫することができる。 ・衣服と社会生活との関わりについて考える。 ・冠婚葬祭（日本の伝統的な和服） ・お祭りや花火大会（半被，浴衣） ・消防士（消防服）　　　　など ・衣服の選択について課題を設定する。 ・様々な行事や活動の際，どのように衣服を選ぶのかを考え，話し合う。 ・遊園地に行く時にふさわしい服装について考え，発表する（共通課題）。 ・組成表示や取扱い表示等，衣服の様々な表示について調べる。 ・目的，デザイン，サイズ等を考慮しながら，遊園地に行く時にふさわしい衣服を選択し，ペアで発表し，選択を見直す。	①衣服と社会生活との関わりが分かり，目的に応じた着用，個性を生かす着用について理解している。 ・学習カード ※ペーパーテスト ②衣服の適切な選択について理解している。 ・学習カード	（課題1） ①衣服の選択について問題を見いだして課題を設定している。 ・学習カード ②衣服の選択について考え，工夫している。 ・学習カード ③衣服の選択について，実践を評価したり，改善したりしている。 ・学習カード	①衣服の選択，材料や状態に応じた日常着の手入れの仕方について，課題の解決に主体的に取り組もうとしている。 ・ポートフォリオ（学習の足あと）〔例4〕 ・学習カード ・行動観察
		○衣服の材料や汚れに応じた洗濯について理解し，適切にできるとともに，日常着の洗濯の仕方について考え，工夫することができる。 ・自分の日常着の洗濯について課題を設定し，グループで話し合う。 ・油汚れ，洗濯による衣服の縮み　など ・同様の課題を設定したグループで，それぞれ解決方法を調べたり，実験したりする。	③衣服の材料や汚れ方に応じた日常着	（課題2） ①材料や汚れ方に応じた日常着の洗濯の仕方について問題を見いだして課題を設定している。 ・学習カード ②材料や汚れ方に応じた日常着の洗濯	②衣服の選択，材料や状態に応じた日常着の手入れの仕方について，課題解決に向けた一連の活動を振り返って改善しようとしている。

- 91 -

衣服を長く大切に	4・5	・学んだことを生かして自分の衣服の洗濯の方法を考える。 ・元のグループに戻り，材料や汚れ方に応じた洗濯の仕方について考えを発表し合う。	の洗濯の仕方について理解しているとともに，適切にできる。 ・行動観察 ・相互評価（DVD見本参照）	の仕方について考え，工夫している。 ・学習カード〔例2〕 ※ペーパーテスト〔例3〕 ③材料や汚れ方に応じた日常着の洗濯の仕方について，実践を評価したり，改善したりしている。 ・学習カード ④材料や汚れ方に応じた日常着の洗濯の仕方についての課題解決に向けた一連の活動について，考察したことを論理的に表現している。 ・学習カード	・ポートフォリオ（学習の足あと） ・学習カード ・行動観察 ③よりよい衣生活の実現に向けて，衣服の選択，材料や状態に応じた日常着の手入れの仕方について工夫し創造し，実践しようとしている。 ・ポートフォリオ（学習の足あと）〔例4〕
	6・7	○衣服の状態に応じた日常着の補修の仕方について理解し，適切にできる。 ・小学校で学んだ縫い方を振り返る。 ・まつり縫いとこれまで学習してきた縫い方を比べ，まつり縫いの特徴についてまとめる。 ・まつり縫いによる裾上げ，スナップ付けなどの補修について，その目的と布地に適した方法を考え実習する。	④衣服の状態に応じた日常着の補修の仕方について理解しているとともに，適切にできる。 指導に生かす評価 ・練習布1〔写真1〕 ・確認テスト 記録に残す評価 ・練習布2〔写真1〕		
	8	○衣服の計画的な活用の必要性について理解することができる。 ・手持ちの衣服を点検し，購入から廃棄までを見通した計画的な活用について話し合う。 　・長持ちさせるための手入れ 　・衣服の再利用，リサイクル ○自分の生活を豊かにするための衣服等の再利用について問題を見いだし，課題を設定することができる。 ・衣服等の再利用の製作計画の条件を確認し，課題を設定する。 ＜条件＞ ①小学校やこれまでに学習した技能を生かす。 ②衣服や布でできた物を袋物（バッグ・巾着など）によみがえらせる。 ③計画を含め5時間で製作する。	⑤衣服の計画的な活用の必要性について理解している。 ・学習カード	（課題3） ①自分や家族の衣服等の再利用について問題を見いだして課題を設定している。 ・製作計画・実践記録表	①衣服等の再利用の製作計画や製作について，課題の解決に主体的に取り組もうとしている。 ・ポートフォリオ（学習の足あと）〔例4〕

衣服等を再利用した生活を豊かにする物の製作	9・10・11・12	○衣服等を再利用し，自分の生活を豊かにする物の製作計画について考え，工夫するとともに，製作することができる。 ・再利用する衣服等の素材や特徴を生かして，自分の生活を豊かにする物の製作計画を立てる。 (例) ・ワイシャツやブラウスの生地を生かしてバッグや巾着を作る。 ・Tシャツの気に入った柄の部分を生かしてバッグの飾りにする。 など	⑥製作する物に適した材料や縫い方について理解しているとともに，製作が適切にできる。 ・製作計画・実践記録表 〔例1〕 ・再利用作品 ⑦用具の安全な取扱いについて理解しているとともに，適切にできる。 ・行動観察	②衣服等の再利用の製作計画について考え，工夫している。 ・製作計画・実践記録表 ③衣服等を再利用した製作について，実践を評価したり，改善したりしている。 ・製作計画・実践記録表 ・再利用作品	②衣服等の再利用の製作計画や製作について，課題解決に向けた一連の活動を振り返って改善しようとしている。 ・ポートフォリオ（学習の足あと）〔例4〕 ・製作計画・実践記録表 ③よりよい衣生活の実現に向けて，衣服等の再利用の製作計画や製作について工夫し創造し，実践しようとしている。
	13	・製作計画に沿って製作する。 ○衣服等を再利用した製作について振り返り評価したり，改善したりすることができる。 ・製作した作品について，自己評価する。			
健康・快適で持続可能な衣生活を送るために	14	○再利用の作品について発表するとともに，これまでの学習から，健康・快適で持続可能な衣生活を送るために大切なこと（衣服の選択，日常着の手入れ，衣服等の再利用について）をまとめることができる。 ・友達の作品を見て，よいところを相互評価し，参考になるところをワークシートにまとめる。		題材全体を貫く課題 ④健康・快適で持続可能な衣生活を送るための課題解決に向けた一連の活動について，考察したことを論理的に表現している。 ・学習カード	・ポートフォリオ（学習の足あと）〔例4〕

※ペーパーテストについては，ある程度の内容のまとまりについて実施することも考えられる。

4 観点別学習状況の評価の進め方

ここでは，本題材における3観点の評価の進め方について紹介する。

（1）知識・技能

この題材では，衣服と社会生活との関わり，目的に応じた着用，個性を生かす着用，衣服の適切な選択，衣服の計画的な活用の必要性，日常着の手入れ及び製作する物に適した材料や縫い方，用具の安全な取扱いについて理解しているとともに，それらが適切にできているかなどについて評価する。

2・3時間目の評価規準①②については，衣服と社会生活との関わり，目的に応じた着用，個性を生かす着用，衣服の適切な選択について理解しているかを学習カードの記述内容から評価する。

4，5時間目の評価規準③については，洗濯の仕方について理解し，適切にできているかを教師による行動観察や，生徒の相互評価の記述内容から評価する。その際，相互評価については，洗い方のDVD（見本）を用意し，比較できるようにしておくなど，技能の上達を確認できるように工夫する必要がある。なお，知識・技能の定着を図るために，できる限り繰り返し取り組めるよう工夫する。

6，7時間目の評価規準④については，材料や状態に応じた日常着の補修として，まつり縫いやスナップ付けなどの方法を理解し，適切にできているかを練習布の縫い方の状況や確認テストから評価する。まつり縫いやスナップ付けなどは2回行い，6時間目を「指導に生かす評価」（「努力を要する」状況（C）と判断される生徒への手立てを考えるための評価）とし，7時間目を「記録に残す評価」とする。

[まつり縫いの特徴とまつり方のポイント]　　　　　　〔写真１〕

○すそなど，布の端をまつる方法である
・裏の三つ折りの折り山に斜めに糸をかけて表布をすくう
・表布は目立たないようにすくう
・縫い目は等間隔にする
・縫い目が一直線になるようにする

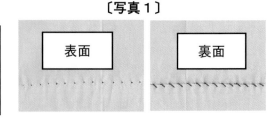

表面　　　　　　裏面

　例えば，まつり縫いでは，（左上のような）まつり縫いの特徴やまつり方のポイントを踏まえた確認テストにより評価することが考えられる。また，縫い方見本〔写真１〕を用いて自己評価したり，相互評価したりすることが考えられる。その際，適切に縫えていない「努力を要する」状況（Ｃ）と判断される生徒に対しては，まつり縫いの特徴やまつり方のポイントを理解できるようにするために，再度縫い方を詳しく説明したり，動画を視聴させたり，縫い方見本を示したりして縫い方を確認できるよう個に応じた指導を工夫する。

　８時間目の評価規準⑤については，衣服の計画的な活用の必要性について理解しているかを学習カードの記述内容から評価する。

　９〜13 時間目の評価規準⑥については，縫い方の特徴を理解し，適切な箇所を，適切な縫い方で縫っているかを製作計画・実践記録表〔例１〕の記述内容や再利用作品から評価する。縫う箇所に応じた縫い方を選び，その理由を記述している場合を「おおむね満足できる」状況（Ｂ）と判断した。なお，まつり縫いに加え，今まで学習してきた他の縫い方についても，まつり縫いと同様に縫い方見本等を活用して評価することが考えられる。

生活を豊かにする物の製作計画・実践記録表〔例１〕の一部

製作計画・実践記録表		
縫う箇所	縫い方	理由
持ち手の付け位置	返し縫い	丈夫にするため
ポケットの口	まつり縫い	縫い目が目立たないようにしたい

＜知識・技能＞⑥
※「十分満足できる」状況（Ａ）と判断した生徒の具体的な例

[ポケットの口のまつり縫いについての理由]
縫い目を目立たないようにした方が，自分の作りたい物のデザインに合っているのでまつり縫いにする。

　自分の作りたい物のデザインなどを考えて，縫う箇所に応じた適切な縫い方を選んでいることから（Ａ）と判断した。

第３編
家　庭
事例１

　９〜13 時間目の評価規準⑦については，用具の安全な取扱いについて理解し，適切にできているかを行動観察から評価する。

（２）思考・判断・表現

　この題材では，衣服の選択から日常着の手入れ，衣服等の再利用までの一連の学習について，①問題を見いだして課題を設定しているか，②様々な解決方法を検討し，計画，立案しているか，③実践を評価・改善しているか，④考察したことを論理的に表現しているかについて評価する。

　評価規準①については，１時間目に題材全体を貫く課題を設定する場面で評価するとともに，「衣服の選択」「日常着の手入れ」「衣服等の再利用」それぞれの課題を設定する場面において，学習カードや製作計画・実践記録表の記述内容から評価する。

　評価規準②及び③については，「衣服の選択」「日常着の手入れ」「衣服等の再利用」それぞれの課題について，それらの計画を考え，工夫する場面で，学習カードや製作計画・実践記録表の記述内容から評価する。例えば，４，５時間目の評価規準②については，学習カード〔例２〕の記述内容

から評価する。日常着の洗濯の仕方について，自分の課題に対する適切な解決方法を考えて，記述していることから，「おおむね満足できる」状況（B）と判断した。その際，「努力を要する」状況（C）と判断される生徒に対しては，洗濯する日常着の汚れの種類や組成表示，取扱い表示，洗剤の種類等を再確認させるなどして，それらに応じた洗濯の仕方について具体的に方法を考えることができるよう個に応じた指導を工夫する。

学習カード ［例2］の一部

その汚れ、あなたならどう落とす？	
汚れの状態	セーターにケチャップがはねた
素　材	毛
汚れの種類	油性の汚れ
洗 い 方 洗剤の種類 注 意 点	中性洗剤を使って手洗いをする しみがついたらなるべく早く洗う

＜思考・判断・表現＞②
※「十分満足できる」状況（A）と判断した生徒の具体的な例

取扱い表示を確認し，手洗い可能の場合は，ケチャップが付いた部分に中性洗剤を付け，つまんでもみ洗いし，その部分を丁寧にすすぐ。

　洗い方や洗剤についてだけではなく，注意点やその根拠を具体的に記述していることから（A）と判断した。

　さらに評価規準②については、下記のようなペーパーテスト〔例3〕で評価することが考えられる。例えば，下記の問1の課題において，洗濯の実習から学んだことを活用して，適切な解決方法を考え，工夫点やその理由を記述している場合を「おおむね満足できる」状況（B）と判断した。

＜思考・判断・表現＞②
※「十分満足できる」状況（A）と判断した生徒の具体的な例

工夫点1とその理由
・・・・，素材によっては傷んだりするので，洗濯物を分けて洗剤や洗い方を変えて洗う。また，綿のワイシャツは，しわにならないように，ネットに入れ脱水を短めにするか手洗いする。
工夫点2とその理由
・・・・，他の洗濯物が汚れるから先に手洗いする。綿シャツの首回りの汚れは落ちにくいので，先に直接洗剤等をつけてもみ洗いしておく。

　学んだことを生かし，様々な視点から工夫点を考え，その理由を具体的に記述していることから（A）と判断した。

衣服の手入れ（洗濯）におけるペーパーテスト〔例3〕の一部

問1　次のような場合，あなたはどのような工夫をして洗濯を行いますか。
　　洗濯かごの中に，母の花柄のエプロン，父の紺のTシャツ，姉の毛のセーター，野球で汚れた弟の靴下，自分の綿のワイシャツ，バスタオル，フェイスタオルが入っています。あなたはどのような工夫をして洗濯をしますか。その理由も書きなさい。

工夫点1とその理由
・全部一緒に洗うのではなく，洗濯物を分けて洗剤や洗い方を区別して洗う。一緒に洗うと素材によっては縮んだり，しわになったり，伸びたりするものがあるかもしれない。
工夫点2とその理由
・弟の靴下は，汚れがひどく，洗濯機で洗うだけでは汚れが落ちにくいので，手洗いする。

　また，評価規準③については，例えば，9時間目～13時間目において，衣服等を再利用した製作について振り返る場面など，適切に学習状況を把握できる評価場面を設定し，製作計画・実践記録表の記述内容や再利用の作品から評価する。

　評価規準④については，例えば，4，5時間目の自分で考えた洗濯の仕方や，14時間目の健康・快適で持続可能な衣生活を送るために大切なことについてのまとめを評価場面として設定し，学習カードの記述内容から評価する。

（3）主体的に学習に取り組む態度

　この題材では，衣服の選択，材料や状態に応じた日常着の手入れの仕方，衣服等の再利用に関する基礎的・基本的な知識・技能を身に付けたり，衣服の選択，材料や状態に応じた日常着の手入れ

の仕方，衣服等を再利用した生活を豊かにする物の製作計画を考え，工夫したりする際に，粘り強く取り組んでいるか，それらに関する学習の進め方について振り返るなど，自らの学習を調整しようとしているかについて評価する。さらに，よりよい生活の実現に向けて，持続可能な社会の構築の視点から，環境に配慮した衣生活の大切さに気付き，家庭でも実践しようとしているか，生活を楽しみ，豊かにしようとしているかなどについて評価する。

なお，ここでは小題材〔1〕～〔3〕（1～7時間目）と小題材〔4〕～〔5〕（8～14時間目）に分けて評価規準を作成しているが，本題材〔1〕～〔14〕を通して評価することも考えられる。

1～7時間目の評価規準①については，ポートフォリオ（学習の足あと）〔例4〕や学習カードの記述内容や行動観察から評価する。例えば，2，3時間目の衣服の選択と着用についての基礎的・基本的な知識及び技能を身に付ける場面では，遊園地に行く時にふさわしい服装を選択するために，時・場所・場合に応じて自分なりに解決しようとしている場合を「おおむね満足できる」状況（B）と判断した。その際，「努力を要する」状況（C）と判断される生徒に対しては，遊園地という場所，季節，同行する人などを確認したり，他の生徒の話を参考にしたりするよう促す。

8～14時間目の評価規準②については，ポートフォリオや製作計画・実践記録表の記述内容から評価する。例えば，9～13時間目までの製作の場面では，課題の解決に向けた製作計画を振り返って適切に自己評価したり，製作計画を修正したりして，次の学習に向けて取り組もうとしている場合を「おおむね満足できる」状況（B）と判断した。

なお，それぞれの小題材における評価規準①と②の学びの姿は，相互に関わり合いながら立ち現れることに留意する必要がある。

8～14時間目の評価規準③については，ポートフォリオの記述内容から評価する。例えば，14時間目の題材を振り返る場面では，今まで学んだ衣服の選択，日常着の手入れ，衣服等の再利用を生かし，よりよい衣生活の実現に向けて，工夫し実践しようしている場合や生活を豊かにしようとしている場合を「おおむね満足できる」状況（B）と判断した。

ポートフォリオ（学習の足あと）〔例4〕

ポートフォリオ（学習の足あと）〔例4〕の一部　（14時間目）

持続可能な衣生活を送るために	これからあなたが大切にしていくことは何ですか。（衣服の選択，手入れ，再利用それぞれについて記入しよう。）
	場に応じた衣服の選択を考えたり，汚れに合った洗濯をしたり，使えそうなものは再利用したりすることが，健康・快適で持続可能な衣生活を送ることにつながると思うので大切にしていきたい。

＜主体的に学習に取り組む態度＞③
※「十分満足できる」状況（A）と判断した生徒の具体的な例

本当に必要なものは何かを考えて衣服を購入・選択したり，表示を確認し，素材や汚れに応じた手入れをしたりして衣服を長持ちさせたい。自分や家族の衣服などを整理し，再利用を考え，環境への配慮や持続可能な生活につなげていこうと思う。

衣服の購入から廃棄までの衣服の一生を考え，これからの生活に生かすことを具体的に考えていることから（A）と判断した。

5 観点別学習状況の評価の総括

（1）題材の観点別評価の総括

　「知識・技能」，「思考・判断・表現」，「主体的に学習に取り組む態度」の観点ごとに示される観点別学習状況の評価は，家庭分野の目標に照らした学習の実現状況を分析的に評価するものであり，学習の改善を促す資料となる。また，教師が指導の状況を把握して，授業の計画・実践を改善する資料としても活用することが目指される。

　家庭分野における題材ごとの観点別学習状況の評価の評定への総括について，「第1編　総説第2章（5）観点別学習状況の評価に係る記録の総括」に示された二つの方法を以下に例示する。

【本事例における観点別学習状況の評価の結果例】

	知識・技能								思考・判断・表現						主体的に学習に取り組む態度					題材の総括
題材の評価規準	・衣服と社会生活との関わりが分かり，目的に応じた着用，個性を生かす着用及び衣服の適切な選択について理解している。 ・衣服の計画的な活用の必要性，衣服の材料や状態に応じた日常着の手入れについて理解しているとともに，適切にできる。 ・製作する物に適した材料や縫い方について理解しているとともに，用具を安全に取り扱い，製作が適切にできる。								衣服の選択，材料や状態に応じた日常着の手入れの仕方，生活を豊かにするための布を用いた物の製作計画や製作について問題を見いだして課題を設定し，様々な解決策を考え，実践を評価・改善し，考察したことを論理的に表現するなどして課題を解決する力を身に付けている。						よりよい生活の実現に向けて，衣服の選択，材料や状態に応じた日常着の手入れの仕方，生活を豊かにするための布を用いた製作について，課題の解決に主体的に取り組んだり，振り返って改善したりして，生活を工夫し創造し，実践しようとしている。					
学習活動における評価規準	①	②	③	④	⑤	⑥	⑦	観点ごとの総括	題材全体を貫く課題：1次 ① / / /				観点ごとの総括	題材全体を貫く課題：1次 / / /			観点ごとの総括	観点ごとの総括
										課題1：2〜3次 ① ② ③ /					課題1：2〜3次 ①②③				
指導項目	B(4)ア(ア)	B(4)ア(ア)	B(4)ア(ア)	B(4)ア(イ)	B(4)ア(イ)	B(5)ア	B(5)ア		課題2：4〜7次 ① ② ③ ④					課題2：4〜7次				
									課題3：8〜13次 ① ② ③ /					課題3：8〜13次 ①②③				
									題材全体を貫く課題：14次 / / / ④					題材全体を貫く課題：14次				
氏名　日付									氏名　日付					氏名　日付					
Zさんの評価	A	A	B	A	A	A	B	A	題材全体を貫く課題：1次 B / / /				A	題材全体を貫く課題：1次 / / /			B	B
									課題1：2〜3次 A B B /					課題1：2〜3次 B B B				
									課題2：4〜7次 B A B B					課題2：4〜7次				
									課題3：8〜13次 B A A /					課題3：8〜13次 A B B				
									題材全体を貫く課題：14次 / / / A					題材全体を貫く課題：14次				
評価結果のA，B，Cの数	A：5　B：2　C：0								評価結果のA，B，Cの数	A：5　B：7　C：0				評価結果のA，B，Cの数	A：1　B：5　C：0				
合計	19								合計	29				合計	13				
平均値	2.71								平均値	2.42				平均値	2.17				

① 　評価結果のA，B，Cの数を基に総括する場合では，評価結果のA，B，Cの数を目安として各観点の評価結果の数が多いものを総括した評価とする。従って，「知識・技能」ではA，「思考・判断・表現」ではB，「主体的に学習に取り組む態度」ではBの評価に総括できる。

② 　評価結果のA，B，Cを数値に置き換えて総括する場合では，評価結果の数値によって表し，合計や平均することで総括する。上記の結果例の場合，A＝3，B＝2，C＝1の数値で各観点の評価を数値化すると，「知識・技能」の平均値は2.71，「思考・判断・表現」の平均値は2.42，「主体的に学習に取り組む態度」の平均値は2.17となる。この場合に総括の結果をBとする判断の基準を[1.5≦平均値≦2.5]とすると，[知識・技能]ではA，「思考・判断・表現」ではB，「主体的に学習に取り組む態度」ではBの評価に総括できる。

　このほかにも，観点別学習状況の評価に係る記録の総括については様々な考え方や方法があるため，各学校において工夫することが望まれる。

（2）家庭分野の観点別評価の総括

　題材ごとの観点別評価を合わせて分野ごとの総括とする。例えば，年間に家庭分野で3題材を取り扱った場合，題材1，題材2，題材3の観点別評価を行い，観点ごとに総括して，家庭分野の観点別評価とする。

（3）技術・家庭科の総括

　技術・家庭科の総括については，3編56ページ「（2）技術・家庭科の総括」を参照する。

第3編
家　庭
事例1

技術・家庭科（家庭分野）　　　事例２
キーワード　「知識・技能」の評価

題材名	内容のまとまり
自立した消費者となるために	第３学年「Ｃ消費生活・環境」(1)「金銭の管理と購入」 (2)「消費者の権利と責任」

　この題材は，「Ｃ消費生活・環境」の(1)「金銭の管理と購入」のア及びイと(2)「消費者の権利と責任」のア及びイとの関連を図っている。題材の始めに，自分の生活を想起し，物資・サービスの選択・購入や消費行動について問題を見いだして課題を設定し，金銭管理と購入や，消費者の権利と責任に関わる知識及び技能を身に付けるとともに，課題を解決する力や，自立した消費者としての責任ある消費行動を工夫し創造しようとする実践的な態度を育成することをねらいとしている。

　本事例では，「知識・技能」の評価について，評価方法を具体的に示している。

1　題材の目標

(1) 購入方法や支払い方法の特徴，計画的な金銭管理の必要性，売買契約の仕組み，消費者被害の背景とその対応，消費者の基本的な権利と責任，自分や家族の消費生活が環境や社会に及ぼす影響について理解するとともに，物資・サービスの選択に必要な情報の収集・整理が適切にできる。

(2) 物資・サービスの選択・購入，自立した消費者としての消費行動について問題を見いだして課題を設定し，解決策を構想し，実践を評価・改善し，考察したことを論理的に表現するなどして課題を解決する力を身に付ける。

(3) よりよい生活の実現に向けて，金銭の管理と購入，消費者の権利と責任について，課題の解決に主体的に取り組んだり，振り返って改善したりして，生活を工夫し創造し，実践しようとする。

2　題材の評価規準

知識・技能	思考・判断・表現	主体的に学習に取り組む態度
・購入方法や支払い方法の特徴が分かり，計画的な金銭管理の必要性について理解している。 ・売買契約の仕組み，消費者被害の背景とその対応について理解しているとともに，物資・サービスの選択に必要な情報の収集・整理が適切にできる。 ・消費者の基本的な権利と責任，自分や家族の消費生活が環境や社会に及ぼす影響について理解している。	物資・サービスの選択・購入，自立した消費者としての消費行動について問題を見いだして課題を設定し，解決策を構想し，実践を評価・改善し，考察したことを論理的に表現するなどして課題を解決する力を身に付けている。	よりよい生活の実現に向けて，金銭の管理と購入，消費者の権利と責任について，課題の解決に主体的に取り組んだり，振り返って改善したりして，生活を工夫し創造し，実践しようとしている。

第3編
家　庭
事例2

3 指導と評価の計画（9時間）

〔1〕 自分や家族の消費生活		1時間
〔2〕 多様な支払い方法に応じた計画的な金銭管理　　展開例1（2／2時間）		2時間
〔3〕 物資・サービスの選択・購入		2時間
〔4〕 消費者としての責任ある消費行動　　展開例2（2／4時間）		4時間

小題材	時間	ねらい・学習活動	評価規準・評価方法		
			知識・技能	思考・判断・表現	主体的に学習に取り組む態度
自分や家族の消費生活	1	○自分や家族の消費生活について問題を見いだし，課題を設定することができる。 ・自分の生活に必要な物資・サービス（電気・ガス・水道等も含む）の購入時に関わる問題点等を発表し合う。 ・自分の消費生活の課題を設定する。		①物資・サービスの選択・購入，自立した消費者としての消費行動について問題を見いだして課題を設定している。 ・**学習カード**	
		自立した消費者となるためには，どのような消費行動を取ればよいだろうか			
多様な支払い方法に応じた計画的な金銭管理	2	○多様化した購入方法や支払い方法の特徴について理解することができる。 ・スニーカーの購入場面について，購入方法の特徴（店舗販売，インターネットを介した通信販売などの無店舗販売）についてまとめ，それぞれの利点と問題点を話し合う。 ・スニーカーの購入場面について，支払い時期（前払い，即時払い，後払い）の違いによる特徴や，クレジットカードによる三者間契約と二者間契約の利点と問題点を考え発表する。	①購入方法や支払い方法の特徴について理解している。 ・**学習カード** 指導に生かす評価		①金銭の管理と購入，消費者の権利と責任について，課題の解決に主体的に取り組もうとしている。 ・**ポートフォリオ**
	3 展開例1	○多様な支払い方法に応じた計画的な金銭管理の必要性について理解することができる。 ・模擬家族の物資・サービスの購入場面について，購入する優先順位や支払い方法を検討し，各自の考えをグループで交流し，全体で発表し合う。 ・翌月以降の金銭管理において，どのようなことに気を付けたらよいのか，模擬家族へのアドバイスを考え，発表し合う。	②計画的な金銭管理の必要性について理解している。 ・**学習カード〔例1〕** ①（支払い方法） 記録に残す評価		
		○物資・サービスの選択に必要な情報を適切に収集・整理し，情報を活用して購入について	③物資・サービスの選択に必要な情報の収集・	②物資・サービスの選択・購入，自立した消費	

第3編
家　庭
事例2

題材	時	ねらい・学習活動	知識・技能	思考・判断・表現	主体的に学習に取り組む態度
物資・サービスの選択・購入	4	考え，工夫することができる。 ・模擬家族がテレビを購入するまでのシミュレーションを行い，その結果をグループで発表し合う。 ・発表をもとに，物資・サービスの選択に必要な情報の収集・整理の方法についてまとめる。	整理について理解しているとともに，収集・整理が適切にできる。 ・学習カード〔例３〕①（購入方法） 記録に残す評価	者としての消費行動について考え，工夫している。 ・学習カード	②金銭の管理と購入，消費者の権利と責任について，課題解決に向けた一連の活動を振り返って改善しようとしている。 ・ポートフォリオ
	5	○売買契約の仕組み，消費者被害の背景とその対応について理解することができる。 ・模擬家族のテレビ購入で，消費者被害にあった場面を想定し，被害を回避する方法や適切な対応の仕方について調べ，発表し合う。 ・消費者被害が発生する背景や，その背景にある物資・サービスの選択・購入の際に成立している売買契約についてまとめる。	④売買契約の仕組み，消費者被害の背景とその対応について理解している。 ・学習カード	③物資・サービスの選択・購入，自立した消費者としての消費行動について，実践を評価したり，改善したりしている。 ・学習カード	
消費者としての責任ある消費行動	6	○消費者の基本的な権利と責任について理解することができる。 ・消費者の基本的な権利と責任について，店舗販売によるTシャツ購入の場面で具体的に考える。	⑤消費者の基本的な権利と責任について理解している。 ・学習カード〔例２〕 ※ペーパーテスト		
	7 展開例2	・模擬家族の自転車購入（通信販売の利用で消費者被害にあった場合）の問題点について，どのような権利と責任が関わっているのかを考え，発表し合う。 ・購入した物資・サービスに不具合があったり，被害にあったりした場合，消費者としてどのような行動を取ればよいのかについて考え，話し合う。		④物資・サービスの選択・購入，自立した消費者としての消費行動についての課題解決に向けた一連の活動について，考察したことを論理的に表現している。 ・行動観察 ・学習カード	
	8	○自分や家族の消費生活が環境や社会に及ぼす影響について理解することができる。 ・Tシャツの購入から廃棄までを振り返り，資源や環境への配慮や，社会に及ぼす影響について考え，話し合う。	⑥自分や家族の消費生活が環境や社会に及ぼす影響について理解している。 ・学習カード		③よりよい消費生活の実現に向けて，金銭の管理と購入，消費者の権利と責任について工夫し創造し，実践しようとしている。 ・ポートフォリオ
	9	○自立した消費者としての責任ある消費行動を考え，工夫することができる。 ・消費者としての責任ある消費行動について実践できることを考え，発表し合う。 ・自立した消費者となるための消費行動について，自分の考えをまとめ，発表し合う。			

4 観点別学習状況の評価の進め方

　ここでは，本題材におけるC(1)「金銭の管理と購入」，C(2)「消費者の権利と責任」の「知識・技能」の評価の具体的な例を紹介する。

展開例1 （3／9時間）

（1）**小題材名**　　多様な支払い方法に応じた計画的な金銭管理

（2）**本時のねらい**

　多様な支払い方法に応じた計画的な金銭管理の必要性について理解することができる。

（3）**学習活動と評価**

時間	学習活動	指導上の留意点	評価場面・評価方法
（分） 5	1　本時の学習課題を確認する。 金銭を計画的に管理することがなぜ必要なのか，考えてみよう	・前時の学習（支払い方法の種類や特徴）について確認する。	
10 15	2　模擬家族（Kさんの家族）の物資・サービスの購入について，家庭の状況を踏まえ，各自が購入する物の優先順位や支払い方法を検討する。 3　各自が考えたことを，グループで交流し合い，気付いたことを全体で発表し合う。	・模擬家族の家族構成，購入したい物，家計の状況，手持ちのカード等の情報を提示する。 ・既習事項やこれまでの経験をもとに考えるよう助言する。 ・優先順位や支払い方法について，なぜそのように考えたのかを理由とともに発表するよう助言する。 ・全体で発表し合う際に，支払い方法の特徴について確認する。 ・金銭を計画的に管理するには，物資・サービスが必要かどうかを判断し，優先順位を考慮して調整したり，多様な支払い方法に応じて考えたりする必要があることに気付くようにする。	購入する優先順位や支払い方法を検討する場面 ■評価方法 【学習カード】〔例1〕 知識・技能① 　　（支払い方法） 記録に残す評価
15	4　翌月以降の金銭管理において，どのようなことに気を付けたらよいのか，Kさんの家族へのアドバイスを考え，発表し合う。	・金銭を計画的に管理するためには，家計の現状を踏まえ，今後を見通して考えたり，記録するなど金銭の流れを把握したりすることが大切であることに気付くようにする。	Kさんの家族へのアドバイスを考え，発表する場面 ■評価方法 【学習カード】〔例1〕 知識・技能②
5	5　本時を振り返り，気付いたことや分かったことをまとめ，発表する。		

（4）「知識・技能」の評価規準②の評価について

　3時間目の評価規準②については，学習カード〔例1〕の記述内容から評価する。

　生徒Sは，優先順位を考えたり，支払い方法の特徴を理解したりした上で，計画的な金銭管理の必要性について記述していることから，「おおむね満足できる」状況（B）と判断した。

　その際，「努力を要する」状況（C）と判断される生徒に対しては，模擬家族の事例において，

家計の収支のバランスが崩れることに気付かせ，本当に必要な物と，その優先順位や支払い方法について一緒に確認することにより，計画的な金銭管理の必要性に気付かせるようにする。

　なお，評価規準①については，２時間目の学習カードの記述内容を「指導に生かす評価」とし，３時間目の学習カード〔例１〕の記述内容は「記録に残す評価」とする。生徒Ｓは，支払い方法の特徴を理解し，その支払い方法を選んだ理由を具体的に記述していることから，「おおむね満足できる」状況（Ｂ）と判断した。

学習カード〔例１〕の一部（3／9時間）生徒Ｓ

多様な支払い方法に応じた計画的な金銭管理

1　Ｋさんの家族についての情報を確認しよう。

家族構成	父・母・Ｋさん（中3）・妹（中1）	
家族が購入する物	リビングに置くテレビ（３日前から映らなくなった）	150,000 円前後
	Ｋさんの通学用の自転車（こわれてしまい，通学に不便）	25,000 円前後
	妹のコンパス（あさっての定期テストで使いたい）	400 円
	Ｋさんの部活動用のＴシャツ（新しいものがほしい）	4,400 円
家族が使えるお金	手持ちの現金　　　　　20,000 円	
	プリペイドカード　　　　500 円	
	銀行口座の残高　　　50,000 円	
	クレジットカード　・翌月 25 日に銀行口座から引き落とし　・一括払い，3回の分割払い選択可（分割払いは手数料あり）	
今後の収入	給料 300,000 円が，10 日後に銀行口座に振り込まれる	

2　Ｋさんの家族が購入する物について，優先順位や支払い方法を考えてみよう。

優先順位	購入する物	理由	支払い方法	その支払い方法にした理由
1	コンパス	妹があさってのテストで使えないと困るから。	プリペイドカード	プリペイドカードは，現金と同じように使えるから。
2	テレビ	ニュースや天気予報などの情報が入ってこないから。	クレジットカード	手持ちの現金と銀行口座のお金を足しても買えないけれど，後払いであるクレジットカードなら支払うことができるから。
3	自転車	通学に不便だから。	現金	銀行口座のお金をおろせば購入できるから。
4	Ｔシャツ	他に購入する物が多いので，今回購入するのはがまんする。		

3　2の支払い方法にした場合，翌月以降の金銭管理において，どのようなことに気を付けたらよいだろう。Ｋさんの家族にアドバイスしよう。

　テレビをクレジットカードで購入すると，翌月以降はその支払いがあるので，ほしい物がある場合は，家族みんなで相談して，優先順位をつけたり，支払い方法を考えたりして，計画的な金銭管理をしよう。

＜知識・技能＞
　①（支払い方法）
※「十分満足できる」状況（Ａ）と判断した生徒の具体的な例

　ここでは，「クレジットカード」についての記述のみを示している。

・・・・一括払いにすると，翌月以降，家族が生活するために必要なお金が足りなくなってしまう可能性があるため，3回の分割払いを選択すれば支払うことができると考えたから。

　一括払いと分割払いが家計の現状や今後に与える影響についても考えて具体的に記述していることから（Ａ）と判断した。

＜知識・技能＞②
※「十分満足できる」状況（Ａ）と判断した生徒の具体的な例

　テレビをクレジットカードの分割払いで購入すると，・・・・・優先順位をつけたり，支払い方法を考えたりして，計画的な金銭管理をしよう。例えば，家族みんなで節電・節水を心がけ，節約に努めよう。また，家計簿をつけたり，銀行口座の残高をこまめに確認したりしてもらうことを家族にお願いするとよいと思う。

　計画的な金銭管理の必要性だけでなく，翌月以降の具体的な金銭管理の方法について記述していることから（Ａ）と判断した。

第3編
家　庭
事例2

展開例2 （7／9時間）

（1）**小題材名**　　消費者としての責任ある消費行動

（2）**本時のねらい**

　　　模擬家族の消費者被害の事例を通して，消費者の基本的な権利と責任について理解することができる。

（3）**学習活動と評価**

時間	学習活動	指導上の留意点	評価場面・評価方法
（分） 5	1　本時の学習課題を確認する。	・前時の学習を振り返り，消費者の8つの権利と5つの責任について確認する。	
10	Kさんの通学用の自転車購入の事例には，どのような消費者の権利と責任が関わっているのか，考えてみよう		
30	2　消費者被害にあったKさんの通学用の自転車購入（インターネットによる通信販売の利用）での事例について，問題点を考え，発表し合う。	・Kさんが購入しようとしている通学用の自転車についての情報を確認する。 ・消費者被害について学習したこと（インターネットによる通信販売には，クーリング・オフ制度が適用されないこと等）を確認する。	
	3　Kさんの事例の問題点に関わる「消費者の権利」・「消費者の責任」を考え，学習カードに記入する。	・一つの問題点に関わる消費者の権利や責任は一つではなく，複数ある場合もあることに気付くようにする。	
	4　「消費者の責任」を果たすための行動について，自分の考えをまとめる。	・消費者の権利の行使には，消費者の責任の遂行が伴うことを確認する。	消費者の権利と責任についてまとめる場面 ■評価方法 【学習カード】〔例2〕 知識・技能⑤
	5　各自で考えたことをグループで交流し合い，気付いたことを全体で発表し合う。	・消費者の権利と責任は，消費者被害の拡大を防ぐことにも関わっていることに気付くようにする。	
5	6　本時を振り返り，分かったことを自分の言葉でまとめる。		

（4）**「知識・技能」の評価規準⑤の評価について**

　　7時間目の評価規準⑤については，学習カード〔例2〕の記述内容から評価する。

　　生徒Sは，事例（Kさんの通学用の自転車購入）における問題点に関わる消費者の権利と責任や，その責任を果たすための行動について適切に記述していることから，「おおむね満足できる」状況（B）と判断した。

　　その際，「努力を要する」状況（C）と判断される生徒に対しては，学習を振り返らせるとともに，生徒にとって身近で具体的な事例を示し，どのような消費者の権利や責任と関わっているのかについて確認するなど，個に応じた指導を工夫する。

学習カード〔例2〕の一部（7／9時間）生徒S

消費者の責任ある消費行動

1　Kさんが購入しようとしている通学用の自転車の購入方法の比較

	店舗販売 （近所の自転車屋）	通信販売 （インターネット）
価格	25,900 円	23,000 円
補償	メーカー3年補償	通販会社1年補償
その他	在庫なし（1週間後に入荷）	注文日に即日発送

通信販売（インターネット）で購入することに決定した。
≪理由≫
・通学に使うので，できるだけ早くほしい。
・同じ自転車を買うなら，安い方がいい。

2　新しい通学用の自転車が届いた後の様子

翌日通学してみたら…
■サドルを調整したけれど，自分と自転車のサイズが合わない。
■前輪のブレーキがききにくい。

→ 近所の自転車屋さんに見てもらったら…
■「この自転車は，このまま整備せずに乗っていたら危険」と言われた。

→ 通信販売の業者に連絡をしたら…
■ブレーキの不備は，消費者の使い方が悪いので，補償や返品の対象外であると言われた。
■自転車のサイズは注文時に選べたはずだと言われた。

3　Kさんの通学用の自転車購入における問題点は何か。なぜ，このような問題が起きたのか。その問題が起きた理由を考えてみよう。

問題点		その問題が起きた理由
ブレーキがききにくい	→	通信販売の業者が，不良品を送ってきたのではないか。
サイズが選びにくい画面	→	インターネットの画面上で，サイズを選ぶ表示が分かりにくかったからではないか。
返品ができない	→	返品ができるかどうか，確認せずに注文してしまったのではないか。

4　3で挙げた問題点は，それぞれ，どのような消費者の権利と責任に関わっているのだろう。また，消費者としての責任を果たすための行動について考えてみよう。

問題点	ブレーキがききにくい	サイズが選びにくい画面	返品ができない
権利	安全が確保される権利	情報が提供される権利 意見が反映される権利	被害が救済される権利
責任	主張し行動する責任	主張し行動する責任	主張し行動する責任
責任を果たすための行動	事故を起こす可能性があったことを，通信販売の業者に伝える。	通信販売の業者に，サイズを選ぶ画面をもっと見やすくするよう伝える。	本当に返品できないのか，もう一度画面で返品の決まりを確認して，通信販売の業者に連絡する。

<知識・技能>⑤
※「十分満足できる」状況（A）と判断した生徒の具体的な例

ここでは，「返品ができない」という問題点についての記述のみを示している。

・・・・返品をあきらめてしまうと，消費者被害が広がる原因になるので，消費生活センターに相談する。責任を果たすことで，消費者被害を防ぐことができる。

主張し行動する責任を果たすための行動に加え，その責任を行使しなかった場合の影響についても記述していることから（A）と判断した。

さらに，評価規準⑤においては，下記のようなペーパーテストで評価することも考えられる。

「知識・技能」の評価規準⑤を評価するためのペーパーテスト例

Mさんの通学用のバッグの購入について，次の問いに答えなさい。

◆通学用のバッグの購入方法とその理由

〔購入方法〕通信販売（インターネット）
〔その理由〕店舗販売（近所のお店）と比較したら，店舗よりも安く売られていた。品物は，注文日に即日発送してくれる。

◆通学用のバッグを注文した後の様子

・即日発送とあるが，一週間経ってもバッグは届かず，通信販売の業者からは何も連絡はなかった。
・通信販売の業者に連絡をしたら，「人気商品のため，現在は品切れで，いつ入荷するか分からない」と言われた。

【問1】
Mさんは，バッグが届かないため，とても困っています。「通信販売の業者からMさんに連絡がなかった」という問題点は，どのような消費者の権利と責任に関わっているのでしょうか。また，消費者としての責任を果たすための行動について考え，Mさんにアドバイスしましょう。

消費者の権利	情報が提供される権利
消費者の責任	・主張し行動する責任 ・批判的意識をもつ責任
消費者としての責任を果たすための行動	・注文した商品が届かない場合は，早めに通信販売の業者に連絡する。 ・商品の在庫の有無や，発送日を確認してから注文する。

例えば，左記の問1の事例（Mさんの通学用のバックの購入）における問題点に関わる消費者の権利と責任や，その責任を果たすための行動について適切に記述していることから，「おおむね満足できる」状況（B）と判断した。

第3編
家　庭
事例2

【参考資料】 「知識・技能」の評価規準③の評価について

　4時間目の「知識・技能」の評価規準③については，物資・サービスの選択・購入に必要な情報の収集・整理が適切にできるかについて，学習カード〔例3〕の記述内容から評価する。

　生徒Sは，模擬家族が購入するテレビに必要な情報を収集し，整理することができていることから「おおむね満足できる」状況（B）と判断した。

　その際，「努力を要する」状況（C）と判断される生徒に対しては，模擬家族が購入するテレビの条件から，どのような情報が必要かを確認し，広告やパンフレットなどの情報源を例示するなどして，学習カードに整理して記入できるようにする。

　さらに，4時間目の評価規準①（購入方法）については，学習カード〔例3〕への記述内容を「記録に残す評価」とする。生徒Sは，2時間目に学習した販売方法（店舗販売・無店舗販売）の特徴を踏まえながら具体的に記述していることから，「おおむね満足できる」状況（B）と判断した。

学習カード〔例3〕の一部（4／9時間）生徒S

```
┌──────────────────────────────────────────┐
│         物資・サービスの選択に必要な情報の収集・整理          │
└──────────────────────────────────────────┘
```

1　Kさんの家族が購入するテレビの条件
- ・リビングに置いて，家族4人で見るため，画面は50型くらい　　・すぐに購入できるもの
- ・支払いはクレジットカードの分割払い（3回）　・保証がついている　　・予算は150,000円前後

2　テレビの購入方法について，それぞれの長所・短所を比較しよう。

購入方法	店舗販売 家電量販店	店舗販売 近所の電気屋	無店舗販売 通信販売（インターネット）	無店舗販売 通信販売（カタログ）
長所	・商品の実物を見ることができる。 ・分からないことは，その場で店員に相談できる。	・商品の実物を見ることができる。 ・分からないことは，その場で店員に相談できる。 ・すぐに修理に応じてくれる。	・インターネット上で，いつでも注文できる。 ・すぐに発送してくれる。	・電話やFAXで注文できる。 ・すぐに発送してくれる。
短所	・店舗に在庫がないと，すぐに購入できない。 ・店頭で見られる商品が限られている。	・店舗に在庫がないと，すぐに購入できない。 ・店頭で見られる商品が限られている。	・商品の実物を見ることができない。 ・悪質なサイトに気を付ける必要がある。	・商品の実物を見ることができない。

3　Kさんの家族がテレビを購入するために必要な情報を収集・整理しよう。

商品＼購入方法／必要な情報	A 店舗販売 家電量販店	B 店舗販売 近所の電気屋	C 無店舗販売 通信販売（インターネット）	D 無店舗販売 通信販売（カタログ）
画面サイズ	55型	49型	55型	55型
品質・機能	インターネットに接続可 複数チャンネル同時録画機能あり 省エネモードあり	インターネットに接続不可 録画機能あり 省エネモードあり	インターネットに接続可 録画機能あり 高画質 省エネモードあり	インターネットに接続可 録画機能あり 音響よい 省エネモードあり
価格	172,000円	145,000円	153,000円	151,000円
分割払い	可　手数料あり	可　手数料あり	可　手数料会社負担	可　手数料会社負担
アフターサービス	メーカー1年保証 価格プラス3,000円で3年延長保証	メーカー1年保証 故障時は，すぐに対応可能	メーカー1年保証	メーカー1年保証

4　3で整理した情報を活用して，Kさんの家族が購入するのにふさわしいテレビを選ぼう。

選んだ商品	選んだ理由
C	・画面が大きく，録画機能もついているし，インターネットへの接続もできる。 ・インターネットの通信販売は，価格や支払い方法など，いろいろなサイトと比べて決められる。悪質サイトでないことを確認すれば，すぐに品物が家まで届けてもらえるので，便利。 ・店舗販売よりも価格が安く，分割払いの手数料がかからないのでお得。

＜知識・技能＞

　①（購入方法）

※「十分満足できる」状況（A）と判断した生徒の具体的な例

　ここでは，「無店舗販売通信販売（インターネット）」についての記述のみを示している。

購入方法	無店舗販売 通信販売（インターネット）
長所	・・・・・・ ・・・・・・
短所	・返品が可能か，確認してから購入する必要がある。 ・クレジットカード等の個人情報が流出しないか気を付ける必要がある。

　インターネットを介する通信販売の特徴を踏まえ，個人情報の流出などの影響についても記述していることから（A）と判断した。

＜知識・技能＞③

※「十分満足できる」状況（A）と判断した生徒の具体的な例

商品＼購入方法／必要な情報	A 店舗販売 全国チェーン店	B 店舗販売 近所の電気屋	C 無店舗販売 通信販売（インターネット）	D 無店舗販売 通信販売（カタログ）
アフターサービス	メーカー1年保証 価格プラス3,000円で3年延長保証	メーカー1年保証 故障はすぐに対応してくれる。	メーカー1年保証	メーカー1年保証
その他（送料・設置費用）（現在のテレビの廃棄）	送料なし 設置費用1,000円 引取り可（手数料あり）	送料なし 設置費用なし 引取り可（手数料あり）	送料なし 設置費用3,000円 引取り可（商品配送時に引き替え）	送料1,000円 設置費用2,000円 引取り不可（自分で手続きをして廃棄）

　価格やアフターサービス等だけではなく，送料・設置費用，現在のテレビの廃棄等についても必要な情報を収集・整理していることから（A）と判断した。

技術・家庭科（家庭分野）　事例3
キーワード　「思考・判断・表現」の評価

題材名	内容のまとまり
家族・家庭や地域との関わり	第1学年「A家族・家庭生活」(3) 家族・家庭や地域との関わり

　この題材は，「A家族・家庭生活」の(3)「家族・家庭や地域との関わり」のア及びイとの関連を図っている。小学校家庭科の学習を踏まえて，「家族や地域の人々と，どのように関わるとよいのだろうか」という課題を設定し，「協力・協働」の視点から，家族の互いの立場や役割，家庭生活と地域との相互の関わり，高齢者など地域の人々との協働に関する知識を身に付けるとともに，課題を解決する力や，家族や地域の人々との関わり方を工夫し創造しようとする実践的な態度を育成することをねらいとしている。

　本事例は，課題解決に向けた一連の学習過程における「思考・判断・表現」の評価について具体的に示している。

1　題材の目標

(1) 家族の互いの立場や役割，家族関係をよりよくできること，家庭生活と地域との相互の関わり，高齢者など地域の人々と協働する必要があること，介護など高齢者との関わり方について理解する。

(2) 家族関係をよりよくする方法及び高齢者など地域の人々と関わり，協働する方法について問題を見いだして課題を設定し，解決策を構想し，実践を評価・改善し，考察したことを論理的に表現するなどして課題を解決する力を身に付ける。

(3) 家族や地域の人々と協働し，よりよい生活の実現に向けて，家族・家庭や地域との関わりについて，課題解決に主体的に取り組んだり，振り返って改善したりして，生活を工夫し創造し，実践しようとする。

2　題材の評価規準

知識・技能	思考・判断・表現	主体的に学習に取り組む態度
・家族の互いの立場や役割が分かり，協力することによって家族関係をよりよくできることについて理解している。 ・家庭生活は地域との相互の関わりで成り立っていることが分かり，高齢者など地域の人々と協働する必要があることや介護など高齢者との関わり方について理解している。	家族関係をよりよくする方法及び高齢者など地域の人々と関わり，協働する方法について問題を見いだして課題を設定し，解決策を構想し，実践を評価・改善し，考察したことを論理的に表現するなどして課題を解決する力を身に付けている。	家族や地域の人々と協働し，よりよい生活の実現に向けて，家族・家庭や地域との関わりについて，課題解決に主体的に取り組んだり，振り返って改善したりして，生活を工夫し創造し，実践しようとしている。

3 指導と評価の計画（6時間）

〔1〕	家族や地域の人々との関わり		1時間
〔2〕	家族関係をよりよくするには		2時間
〔3〕	高齢者との関わり方		1時間
〔4〕	地域の人々との協力・協働プロジェクト	本時（1／2時間）	2時間

小題材	時間	ねらい・学習活動	評価規準・評価方法		
			知識・技能	思考・判断・表現	主体的に学習に取り組む態度
家族や地域の人々との関わり	1	○家庭生活は地域との相互の関わりで成り立っていることが分かり，家族や地域の人々と協力・協働し，よりよい家庭生活に向けて問題を見いだし，課題を設定することができる。 ・自分と家族や地域の人々との関わりを図等に表す。 ・自治会長など地域の人による講話等を通して，家庭生活と地域との関わりについて話し合う。 ・家族や地域の人々との関わりについて問題点を挙げ，課題を設定する。 〈問題点の例〉 ・家族は防災グッズを用意しているが，実際に何が準備されているのかがよく分かっていない。 ・地域は防災訓練を実施し，災害に備えているが，参加していない。高齢者など地域の人々に任せてしまっている。	①家庭生活は地域との相互の関わりで成り立っていることについて理解している。 ・学習カード	①家族や地域の人々との関わりについて問題を見いだして課題を設定している。 指導に生かす評価 ・学習カード	
		家族や地域の人々と，どのように関わるとよいのだろうか			
家族関係をよりよくするには	2・3	○家族の互いの立場や役割が分かり，協力することによって家族関係をよりよくできることについて理解できるとともに，家族関係をよりよくする方法について考え，工夫することができる。 ・模擬家族の事例や物語などを活用して，ロールプレイング等を行い，家族関係をよりよくする方法について問題を見いだし，課題を設定する。 〈問題点と課題の例〉 ・模擬家族の母親は，朝の出勤前にやることが多い。母親の仕事を家族で分担しよう。		①家族関係をよりよくする方法について問題を見いだして課題を設定している。 記録に残す評価 ・学習カード	①家族や高齢者など地域の人々との関わりについて，課題の解決に主体的に取り組もうとしている。 ・ポートフォリオ ・行動観察

第3編
家　庭
事例3

		学習活動			
		・物語の中学生は，部活で泥がついた運動着を脱ぎ捨てていた。中学生にできる家庭の役割を工夫しよう。 ・模擬家族の立場や役割を考えて，「協力」の視点から，家族関係をよりよくする方法を話し合う。 ・課題の解決策をまとめる。	②家族の立場や役割が分かり，協力することによって，家族関係をよりよくできることについて理解している。 ・学習カード	②家族関係をよりよくする方法について考え，工夫している。 ・学習カード ③家族関係をよりよくする方法について，実践を評価したり，改善したりしている。 ・学習カード ・行動観察	
高齢者との関わり方	4	○高齢者など地域の人々と協働する必要があることや介護など高齢者との関わり方について理解することができる。 ・地域の一員として，地域の人々と協働することについて話し合う。 ・体験的な活動を通して，高齢者の身体の特徴や介助の方法についてまとめる。 ＜体験的な活動例＞ ・高齢者疑似体験用具(耳栓，ゴーグル，マスク，軍手，おもり，杖など)を活用しての疑似体験 ・椅子や階段等使って，ペアによる立ち上がりや歩行の介助体験 ・専門家による介護に関する講話やインタビュー ・他教科等における福祉学習　など	③高齢者など地域の人々と協働する必要があることや介護など高齢者との関わり方について理解している。 ・学習カード ＊ペーパーテスト		②家族や高齢者など地域の人々との関わりについて，課題解決に向けた一連の活動を振り返って改善しようとしている。 ・ポートフォリオ ・行動観察
地域の人々との協力・協働プロジェクト	5 本時	○高齢者など地域の人々と関わり，協働する方法について考え，課題をもって「地域の人々との協力・協働プロジェクト」の実践計画を工夫することができる。 ・地域の活動について，問題を見いだし，課題を設定する。 ・「地域の人々との協力・協働プロジェクト」の実践計画を立てる。 〈地域の活動例〉 町ぐるみ清掃，資源ごみ回収，防災，祭り，自治会の運動会，福祉活動，公民館祭りなどの諸活動　など ・ICTを活用して，ペアやグループで地域での実践計画を発表し合う。 ・他者の意見や新たな情報により，実践計画を検討する。		①高齢者など地域の人々と関わり，協働する方法について問題を見いだして課題を設定している。 記録に残す評価 ・「地域の人々との協力・協働プロジェクト」計画書　〔例1〕 ②高齢者など地域の人々と関わり，協働する方法について計画を考え，工夫している。 ・「地域の人々との協力・協働プロジェクト」計画書　〔例2〕 ・行動観察	

		地域での実践又は他教科等との連携を図った実践		
6	○「地域の人々との協力・協働プロジェクト」を振り返り，高齢者など地域の人々と関わり，協働する方法について，実践を評価したり，改善したりすることができる。 ・実践報告書を記入する。 ・ペアやグループごとに発表し，評価したり，改善したりする。 ○題材を通して，家族や地域の人々と協力・協働し，これからどのように関わるとよいのかを考え，まとめることができる。 ・考えたことをペアやグループで発表し合い，互いのアドバイスを生かして，今後の取組についてまとめる。		③高齢者など地域の人々と関わり，協働する方法について，実践を評価したり，改善したりしている。 ・「地域の人々との協力・協働プロジェクト」報告書〔例3〕 ・行動観察 ④家族や地域の人々との関わりについての課題解決に向けた一連の活動について，考察したことを論理的に表現している。 ・「地域の人々との協力・協働プロジェクト」報告書〔例4〕 ・行動観察	③家族や高齢者など地域の人々との関わりついて工夫し創造し，実践しようとしている。 ・ポートフォリオ ・行動観察

4 観点別学習状況の評価の進め方

ここでは，本題材における，学習過程（①課題を設定する，②解決方法を考える，③評価・改善する，④表現する）における「思考・判断・表現」の評価の具体的な例を紹介する。

本時の展開（5／6時間）

（1）小題材名　　地域の人々との協力・協働プロジェクト

（2）本時のねらい

高齢者など地域の人々と関わり，協働する方法について考え，課題をもって「地域の人々との協力・協働プロジェクト」の実践計画を工夫することができる。

（3）学習活動と評価

時間	学習活動	指導上の留意点	評価場面・評価方法
（分）	1 本時の学習課題を確認する。 　高齢者など地域の人々と関わり，協働するための「地域の人々との協力・協働プロジェクト」の実践計画を工夫しよう		高齢者など地域の人々と協力・協働する視点から，課題を設定する場面
10	2 地域の活動について問題点を挙げ，課題を設定する。 〈課題の例〉 ・地域の高齢者と中学生の関わり方を工夫しよう　　　　など	・題材の1時間目に設定した課題を踏まえ，高齢者など地域の人々との関わりについて「協力・協働」の視点から課題を設定するよう助言する。	■評価方法 【「地域の人々との協力・協働プロジェクト」計画書】〔例1〕 思考・判断・表現①
20	3 課題を解決する具体的な取組として，実践する地域の活動を設定し，実践計画を立てる。	・1時間目の自治会長など地域の人による講話を振り返り，実践活動が想起できるようにする。	実践する活動に向けて，計画を立てる場面

第3編
家　庭
事例3

		・ICT を活用し，地域の活動や他教科等の活動の様子を提示し，計画に役立てるようにする。	■評価方法【「地域の人々との協力・協働プロジェクト」計画書】〔例2〕思考・判断・表現②
	<計画のポイント>・活動場所と概要・「事前」「本番」「事後」の関わり・家族との関わり・高齢者など地域の人々との関わり		
15	4　ペアやグループで計画を発表し合い，アドバイスにより改善する。		
5	5　本時の学習をまとめ，実践に向けて確認する。	・活動の場面の安全に配慮して，実践への意欲につなげるようにする。	

（4）「思考・判断・表現」の評価規準①②の評価について

　5時間目の評価規準①（課題を設定する力）については，「地域の人々との協力・協働プロジェクト」計画書〔例1〕の「地域の活動」に関する課題設定の記述内容から評価する。

　生徒Kは，「協力・協働」の視点から，高齢者など地域の人々との関わりについて，地域の活動への取組状況から問題を見いだして課題を設定し，その理由を適切に示していることから，「おおむね満足できる」状況（B）と判断した。

　その際，「努力を要する」状況（C）と判断される生徒に対しては，1～4時間目の学習をもとに，家庭生活は地域との相互の関わりで成り立っていることを確認したり，地域の一員としての中学生の役割を考えさせたりするようにする。

　なお，生徒の家庭の状況等に配慮し，地域での実践が難しい場合には，学校が地域と共に実施している行事等において課題を設定することも考えられる。

「地域の人々との協力・協働プロジェクト」計画書〔例1〕の一部（5／6時間）
生徒K

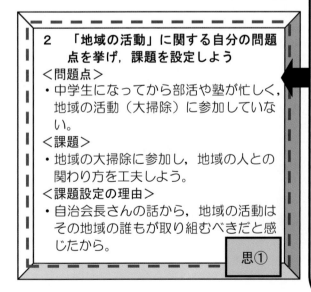

<思考・判断・表現>①
※「十分満足できる」状況（A）と判断した生徒の具体的な例

<問題点>
・・・・，自分の時間の調整ができず，地域の活動（大掃除）に参加していない。高齢者を含めた地域の人たちに頼ってしまっている。
<課題>
・自分や家族の時間を調整して地域の大掃除に参加し，地域の人との関わり方を工夫しよう。
<課題設定の理由>
・・・・，自分を含めた家族は地域に支えられているから，自分も地域の一員として参加し協力していくことが大切だから。

　高齢者など地域の人々との関わり方に関する学習を生かして，「協力・協働」の視点から問題を見いだして課題を設定し，その理由を具体的に示していることから（A）と判断した。

　5時間目の評価規準②（解決方法を考える力）については，「地域の人々との協力・協働プロジェクト」計画書〔例2〕の記述内容から評価する。

生徒 K は，4 時間目で学習した高齢者などの身体の特徴を踏まえた関わり方に関する知識や，他の生徒からのアドバイスを生かして，「協力・協働」の視点から，高齢者など地域の人々と関わり協働する方法を考えて実践計画を工夫していることから，「おおむね満足できる」状況（B）と判断した。その際，「努力を要する」状況（C）と判断される生徒に対しては，既習事項及び高齢者の身体の特徴を確認するとともに，他の生徒の計画書の記述内容を参考に，自分の課題に合った方法を考えさせるなどの手立てを十分に行い，解決方法を考える力が身に付くよう配慮する。

「地域の人々との協力・協働プロジェクト」計画書〔例2〕の一部（5／6時間）生徒K

3 課題を解決するための，地域の活動を設定し，実践計画を立てよう

●実践する地域の活動　　　●実践日
　町ぐるみ大清掃　　　　　　6月 ○○日（日）
●その活動場所と概要
　公民館とその周りの公園を，6月と11月の2回，地域の人々が朝早くに集まって，一斉に大掃除をする。

●実践計画
＜事前の準備＞
（1）カレンダーに，町ぐるみ大清掃の日と自分や家族の予定を書き込み，声を掛け合ってみんなで取り組めるようにする。
（2）当日の朝，軍手とビニール袋は家族を代表して自分が用意し，家の周りを掃いてから行こうと思う。
＜掃除場所＞
（1）公園の周りのごみ拾いと草むしり
（2）公民館の窓ふきや壁の掃除など高所作業
＜掃除方法＞
　　　　　　　（省略）　　　　　　　思②
●友達からのアドバイス
　・ごみ袋の開閉など，細かい作業も代わって取り組むとよいのではないか。
　・重いものを運ぶと助かるのではないか。
　　　　　　　　　　　　　　　　　　　　など
●計画の改善点
　・重い道具の運搬や，高所作業や細かい作業などは，高齢者など地域の人に声をかけ，自分が担当したい。

<思考・判断・表現>②

※「十分満足できる」状況（A）と判断した生徒の具体的な例

　ここでは，「計画の改善点」の記述のみを示している。

●計画の改善点
・高齢者は筋力が低下しているので，重い道具の運搬だけでなく，重い道具の準備や後片付けなども自分が担当したい。
・高いところは危ないので自分が担当し，草取りの方法などは高齢者や地域の人に教えてもらいながら，コミュニケーションを大切にして取り組みたい。その時，少し大きな声で話しかけるように配慮したい。

　高齢者の身体の特徴を踏まえて，地域の人々と協働するための方法や，適切な関わり方を具体的に考え，計画の改善点を記述していることから（A）と判断した。

【参考資料】「思考・判断・表現」の評価規準③④の評価について

　6 時間目の評価規準③（評価・改善する力）については，「地域の人々との協力・協働プロジェクト」報告書〔例3〕の「実践したこと」や実践報告後の「次の取組に向けての改善点」の記述内容から評価する。

　生徒 K は，実践を振り返り，「高齢者など地域の人々との関わり」について，他の生徒の意見や発表を取り入れ，新たな改善策を記述していることから，「おおむね満足できる」状況（B）と判断した。その際，「努力を要する」状況（C）と判断される生徒に対しては，「地域の人々との協力・

協働プロジェクト」を振り返り，同じ課題で取り組んでいる他の生徒の改善策を参考に考えさせるようにする。

「地域の人々との協力・協働プロジェクト」報告書〔例3〕の一部（6／6時間）生徒K

4　計画をもとに，実践したことを評価してみよう

●実践したこと
- 雑草が生えにくい草むしりの方法について，地域の人に教わりながら工夫して取り組めた。
- ごみ拾いや草むしりの他，壁に絡んでいる「ツタ」を取り除く高所作業を行った。
- 公民館にあった重い不用品を運んだ。
- ごみ袋の開閉など，細かい作業も代わって取り組むことができた。
- 公民館で出たごみの分別まではできなかった。

●友達からのアドバイス
- 照明器具などのほこりを払ったり，高いところにある窓ふきなどもしたりするとよい。
- ごみの分別をすると地域の人は助かると思うよ。

●次の取組に向けての改善点
- 公民館で出たごみの分別までは考えていなかったので，次回は考えながら参加したい。

思③

＜思考・判断・表現＞③
※「十分満足できる」状況（A）と判断した生徒の具体的な例

ここでは，「次の取組に向けての改善点」の記述のみを示している。

●次の取り組みに向けての改善点
- ・・・更に高齢者の身体の特徴を踏まえ，ごみの運搬，とった草の回収などは中学生の自分が担当する。高齢者には座ったまま作業できるような環境を工夫する。

高齢者と協働するために，新たな改善策だけでなく，高齢者の身体の特徴を踏まえて，高齢者が作業しやすい環境や清掃作業の分担についても具体的に改善策を示していることから（A）と判断した。

6時間目の評価規準④（表現する力）については，「地域の人々との協力・協働プロジェクト」報告書〔例4〕の「まとめ」の記述の状況や発表の様子などから評価する。

生徒Kは，1時間目に設定した課題に対して，一連の学習過程を通して考察したことを，「協力・協働」の視点から，理由を明確にして筋道を立てて説明していることから，「おおむね満足できる」状況（B）と判断した。

「地域の人々との協力・協働プロジェクト」報告書〔例4〕の一部（6／6時間）生徒K

5　家族や地域の人々と今後どのように関わるとよいのだろうか，発表し合い，考えをまとめよう

●自分の考え
- 「重い物の運搬」「細かい仕事」「高所の清掃」など，中学生の自分でもできることがたくさんあり，地域の人の役に立つことが分かった。これからは，地域の一員としてできるだけ参加していきたい。

●友達の発表を聞いて，参考になったこと
- 地域の人と協働して活動することにより，家族や地域の人との関わりが深まっていくことが分かった。

思④

＜思考・判断・表現＞④
※「十分満足できる」状況（A）と判断した生徒の具体例

●自分の考え
- ・・・・地域の高齢者とどのように関わったらよいのかが分かったので，地域の様々な行事等に参加し，地域の人々と協働していきたい。

●友達の発表を聞いて，参考になったこと
- どの活動も，中学生の自分が取り組むこと自体が地域の力になっていた。今後は準備の段階から関わって，意見を伝えたり，共有したりしたい。

今後の家族や地域の人々との関わりについて，これからの生活を展望して，「協力・協働」の視点から，根拠や理由を明確にして筋道を立てて具体的に説明していることから(A)と判断した。

このように,「思考・判断・表現」の評価については,問題解決の学習過程に沿って評価規準①〜④で評価し,それらをまとめて題材の評価とする。その際,題材構成や生徒の発達の段階に応じて,評価規準①〜④のいずれかに重点をおいて指導し,評価する場合も考えられる。

「地域の人々との協力・協働プロジェクト」（計画書・報告書）

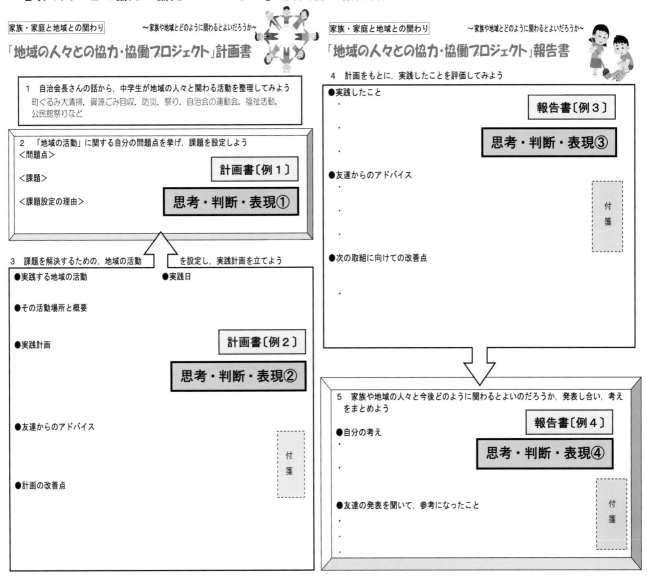

第3編
家　庭
事例3

技術・家庭科（家庭分野）　　事例4
キーワード　「思考・判断・表現」「主体的に学習に取り組む態度」の評価

題材名	内容のまとまり
我が家の防災対策	第3学年「B衣食住の生活」 　　　　(7)衣食住の生活についての課題と実践

　この題材は，「B衣食住の生活」の(6)「住居の機能と安全な住まい方」の学習を基礎とし，A(3)「家族・家庭や地域との関わり」との関連を図ったB(7)「衣食住の生活についての課題と実践」の住生活に関する題材である。様々な自然災害に対して備えるための我が家の防災対策についての課題を設定し，「我が家の防災対策プロジェクト」の計画を立てて実践し，評価・改善するなど一連の学習活動を通して，課題を解決する力や，生活を工夫し創造しようとする実践的な態度を育成することをねらいとしている。

　本事例では，Bの(7)「衣食住の生活についての課題と実践」における「思考・判断・表現」及び「主体的に学習に取り組む態度」の評価について具体的に示している。

1　題材の目標

(1)　自然災害に備えるための我が家の防災対策の中から問題を見いだして課題を設定し，解決策を構想し，計画を立てて実践した結果を評価・改善し，考察したことを表現するなどして課題を解決する力を身に付ける。

(2)　家族や地域の人々と協働し，よりよい生活の実現に向けて，自然災害に備えるための我が家の防災対策について，課題の解決に主体的に取り組んだり，振り返って改善したりして，生活を工夫し創造し，家庭や地域などで実践しようとする。

2　題材の評価規準

知識・技能	思考・判断・表現	主体的に学習に取り組む態度
	自然災害に備えるための我が家の防災対策の中から問題を見いだして課題を設定し，解決策を構想し，計画を立てて実践した結果を評価・改善し，考察したことを論理的に表現するなどして課題を解決する力を身に付けている。	家族や地域の人々と協働し，よりよい生活の実現に向けて，自然災害に備えるための我が家の防災対策について，課題の解決に主体的に取り組んだり，振り返って改善したりして，生活を工夫し創造し，家庭や地域などで実践しようとしている。

3　指導と評価の計画（4時間）

〔1〕自然災害に備えた我が家の安全な住空間　　　　　　　　　　　　　　1時間

〔2〕我が家の防災対策プロジェクト（計画）　　　　　　　　　　　　　　1時間

| 〔3〕我が家の防災対策プロジェクト（評価・改善） | 本時 | 2時間 |

小題材	時間	ねらい・学習活動	評価規準・評価方法		
			知識・技能	思考・判断・表現	主体的に学習に取り組む態度
自然災害に備えた我が家の安全な住空間	1	○自然災害に備えるための我が家の防災対策の中から問題を見いだして課題を設定することができる。 ・自然災害における我が家の問題点（危険個所）を見いだし，課題を設定する。 〈課題設定の際の視点〉 ・家の中　・屋外の対策 ・避難経路の安全 ・避難所の備蓄品　　　など 〈課題例〉 ・我が家の防災対策（地震の避難経路）はどうしたらよいだろう　　　　など		①自然災害に備えるための我が家の防災対策の中から問題を見いだして課題を設定している。 ・計画・実践レポート	①自然災害に備えるための我が家の防災対策に関する課題の解決に主体的に取り組もうとしている。 ・ポートフォリオ〔例5〕 ・行動観察
我が家の防災対策プロジェクト（計画）	2	○「安全」「協力」などの視点から「我が家の防災対策プロジェクト」の計画を考え工夫することができる。 ・各自が「我が家の防災プロジェクト」の計画を立てる。 〈計画のポイント〉 ・家の中，外回り ・避難するとき ・家族の意見　　　など ・グループで発表し合い，自分の計画を改善する。		②自然災害に備えるための我が家の防災対策に関する課題の解決に向けて，よりよい生活を考え，計画を工夫している。 ・計画・実践レポート〔例4〕 ・行動観察 ・相互評価	②自然災害に備えるための我が家の防災対策に関する課題解決に向けた一連の活動を振り返って改善しようとしている。 ・ポートフォリオ〔例5〕 ・行動観察
		家庭・地域での実践			
我が家の防災対策プロジェクト（評価・改善）	3・4 本時	○「我が家の防災対策プロジェクト」の実践についてまとめたり，筋道を立てて説明したり，発表したりすることができる。 ・実践したことを計画・実践レポートにまとめる。 ・グループごとに実践発表会を行い，互いにアドバイスし合う。 ○「我が家の防災対策プロジェクト」について，実践した結果を評価・改善するとともに，新たな課題を見付け，次の実践に取り組もうとする。 ・他の生徒からの意見を踏まえ，実践を評価し，改善する。 ・よりよい生活にするために，自然災害に備えるための我が家の防災対策についての新たな課題を見付け，次の実践に向けて考えたことをまとめる。		④自然災害に備えるための我が家の防災対策に関する課題解決に向けた一連の活動について，考察したことを筋道を立てて説明したり，発表したりしている。 ・計画・実践レポート〔例1〕 ・行動観察 ・相互評価 ③自然災害に備えるための我が家の防災対策に関する課題の解決に向けて，家族や地域などで実践した結果を評価したり，改善したりしている。 ・計画・実践レポート〔例2〕 ・行動観察	③更によりよい生活にするために，自然災害に備えるための我が家の防災対策に関する新たな課題を見付け，家庭や地域での次の実践に取り組もうとしている。 ・ポートフォリオ〔例3〕 ・行動観察

4 観点別学習状況の評価の進め方

　ここでは，B (7)「衣食住の生活についての課題と実践」における「思考・判断・表現」及び「主体的に学習に取り組む態度」の評価の具体的な例を紹介する。

本時の展開（3，4／4時間）

（1）小題材名　　　我が家の防災対策プロジェクト（評価・改善）

（2）本時のねらい

　自然災害に備えるための「我が家の防災対策プロジェクト」について，家庭や地域で実践した結果を評価・改善するとともに，新たな課題を見付け，次の実践に取り組もうとする。

（3）学習活動と評価

時間	学習活動	指導上の留意点	評価場面・評価方法
(分) 15	1　本時の学習課題を確認し，学習の見通しをもつ。 自然災害に備えるための「我が家の防災対策の実践プロジェクト」の実践を交流し，これからの生活に生かそう	・本時の学習課題と学習の進め方を確認する。	
30	2　「我が家の防災対策プロジェクト」の実践の成果と課題についてまとめる。 3　「我が家の防災対策プロジェクト」の実践をグループごとで発表し，交流する。 ・発表内容について，よいところ，アドバイスを付箋に記入し，意見交流をする。	・発表に向けて，実践前の状況と，具体的な実践内容について振り返るようにする。 ・自分と他の生徒の実践を比較し，互いの実践のよいところやアドバイスを考えられるよう助言する。	実践について，発表する場面 ■評価方法 【計画・実践レポート】 〔例1〕 【行動観察】 【相互評価】 思考・判断・表現④
45	4　ゲストティーチャー（防災担当者・自治会長さん）の感想や話を聞く。 5　「我が家の防災対策プロジェクト」の実践を振り返り，実践した結果を評価したり，改善したりする。 ・他の生徒からの意見やゲストティーチャーの話をもとに改善点をまとめる。 ・改善したことを交流し，今後の生活に生かしたいことについて話し合う。	・ゲストティーチャーの感想や話を踏まえて，各自の実践を振り返るよう助言する。 ・地域との関わりについての自分の考えを深めることができるようにする。 ・我が家の防災対策を更によりよくするための課題を明確にするよう助言する。 ・実践の交流により，様々な災害対策についても考えられるよう助言する。	実践した結果を評価し，改善する場面 ■評価方法 【計画・実践レポート】 〔例2〕 【行動観察】 思考・判断・表現③ これからの生活を展望する場面
10	6　我が家の防災対策に関する新たな課題を見付け，次の実践に向けて考えたことをまとめる。	・日常的に自然災害に備え，主体的に取り組もうとする意欲を高める。	■評価方法 【ポートフォリオ】 〔例3〕 【行動観察】 主体的に学習に取り組む態度③

第3編
家　庭
事例4

（4）「思考・判断・表現」の評価規準③④の評価について

　　3，4時間目の評価規準④については，「我が家の防災対策プロジェクト」計画・実践レポート〔例1〕の記述の状況，実践発表会の発表の様子などから評価する。

　　生徒Sは，実践発表をする場面で，「我が家の防災対策プロジェクト」の家庭や地域での実践の様子をまとめ，他の生徒に，考察したことを筋道を立てて説明したり，発表したりしていることから，「おおむね満足できる」状況（B）と判断した。

　　その際，「努力を要する」状況（C）と判断される生徒に対しては，他の生徒の発表を参考にするように促したり，実践したことを再度確認してまとめたりするなどして，具体的な実践発表ができるようにする。

「我が家の防災対策プロジェクト」計画・実践レポート〔例1〕の一部（3／4時間）生徒S

Ⅲ実践しよう

1 家の状況（外）と対策

確認すること	状況	対応
新耐震基準	適用されている	在宅避難に使える
2階ベランダ	エアコン室外機の上に植木鉢	倒れると危険なので下におろす
家の外回り	玄関前に植木鉢やプランター	避難口をふさがない場所に移動
	屋根の瓦	避難するときは頭を守る すぐに外に飛び出さない

2 避難のために
（1）避難場所と避難所　　　　　　　　　　　　　※内閣府HP災害種別図記号

避難場所	「命を守る」ために，一時的に避難者が集まる場所（公園，集会所など）	第1公園
避難所	自宅への被害が大きく災害後に生活ができなくなった場合に避難生活を送る場所（地域の学校，公民館など大きな建物）	産業会館

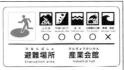
避難場所　産業会館

（2）ハザードマップの確認
・市役所から配布されているマップで確認した
　　・私の家のあるところは「揺れやすさ：震度6強」「危険度5〜10％」
・避難所まで歩いて，避難経路の確認，危険箇所の調査
・ブロック塀のあるところ…5カ所　・土手…1カ所　・高層ビル…3カ所

3 災害時の行動マニュアルの作成（実際に防災訓練に参加）
　①防災放送により避難指示があったら，避難を開始する
　②地区の集合場所へ（一次避難）
　　　・高齢者や子供は歩くのはゆっくりで時間がかかる
　③決められた避難所へ（二次避難）
　　　・集団のルールを守る
　　　・災害用トイレの確認

　　　　　　― 中略 ―

思④

4 家族防災会議
　・家の外回りの安全確保
　・避難所の確認（父：会社　　母：会社　　姉・私：学校　　祖母：産業会館）
　・連絡方法（スマホの活用）
　　　・家族で居場所のわかる位置情報を共有
　　　・家族グループを作りSNSでやりとりする
　・持ち出し品の確認

実践を終えての感想	家族・地域の人から
・一つのことを考えるのにもいろいろな視点から考えないといけないことがわかった。 ・自分ではわかっているつもりでも，防災知識の足りない部分がある。 ・防災訓練への参加者が少ない。	・家族で防災対策について具体的に考えることができた。 ・自治会の活動へ若い人の参加が少ないので，中学生にも積極的に参加して欲しい。

〈思考・判断・表現〉④
※「十分満足できる」状況（A）と判断した生徒の具体的な例

　ここでは，「災害時の行動マニュアルの作成」の記述のみを示している。

3　災害時の行動マニュアルの作成
　①・・・（中略）・・・
　②地区の集合場所へ
　・祖母は歩くのがゆっくりなので，励ましながら寄り沿って歩く
　・赤ちゃんと幼児を連れたお母さんがいたら，幼児をおんぶしてあげる
　③決められた避難所へ
　・高齢者や幼児，障害のある人に順番を譲るなど，集団のルールを守ることを大切にする
　・・・（中略）・・・
　④更に調べるとよいこと・再確認したいこと
　＜避難所について＞
　・避難所にどんなものが整備されているのかを調べる
　＜事前の準備について＞
　・避難袋の点検をし，更に入れておくとよいものを調べ，置き場所を決める。

　実践して気付いたことだけでなく，更に調べるとよいことや再確認したいことを具体的に記述し，他の生徒に，考察したことを根拠や理由を明確にして筋道を立てて説明したり，発表したりしていることから，（A）と判断した。

評価規準③については，「我が家の防災対策プロジェクト」計画・実践レポート〔例2〕の「今後の改善策」の記述内容から評価する。

生徒Sは，「我が家の防災対策プロジェクト」の実践発表の際，他の生徒からの意見や，ゲストティーチャーの話を参考にして，実践を振り返り「今後の改善策」を適切に記入していることから「おおむね満足できる」状況（B）と判断した。その際，「努力を要する」状況（C）と判断される生徒に対しては，他の生徒の発表を参考にするように促したり，家族と共にできることを考えさせたりするなど具体的な取り組みにつなげていくようにする。

「我が家の防災対策プロジェクト」計画・実践レポート〔例2〕の一部（4/4時間）生徒S

実践の成果	実践の課題
・家の外の状況について調べ，対策を考えることができた。 ・実際に避難所まで歩いて調べたり，防災訓練に参加したりして災害時の行動マニュアルを作成できた。 ・家族で防災対策について考えることができた。	・避難所までの安全をどう確保するか。 ・避難所での生活に必要な備品の準備をする。

発表に対する意見（付箋を貼る）

よかった点	改善点
防災マップで地域の危険度を確認できたこと	家の1階と2階では対策が異なるので、家族で話しあってみるとよいのではないか
家族で相談しながら（意見を聞き）実践できたこと	夜の避難所までの移動について，安全かどうかを確かめるために家族で夜の避難訓練をしたらどうか
避難訓練に参加し，地域の現状について把握し，防災対策（防災マニュアルの作成）に生かせたこと	定期的に備品を点検するとよいのではないか
	地震以外の災害についても考えてはどうか

今後の改善策	自己評価	
○防災対策について更に家族で話し合う。 ○家庭内避難訓練を行う。（昼・夜） ○定期的にチェックリストを使って避難所で必要な備品を点検する。 ○地震以外の災害についても備えられるようにする。	課題設定は適切にできたか	A Ⓑ C D
	実践計画を適切に立てることができたか	Ⓐ B C D
	実践は計画通りに進めることができたか	Ⓐ B C D
	根拠や理由を明確にして発表することができたか	A Ⓑ C D
	実践の成果と課題を明確にすることができたか	A Ⓑ C D

思③

〈思考・判断・表現〉③
※「十分満足できる」状況（A）と判断した生徒の具体的な例

○防災対策について更に家族で話し合う。
・1階は共有スペース，2階は個人のスペースが多いので，それぞれの対策について家族で話し合いたい。
・昼は，家に祖母だけなので，もしもの時協力し合えるように，近所に住んでいる人を祖母と確認する。
○家庭内避難訓練を行う。（昼・夜）
・家族全員がそろう次の日曜日の午前，来週の土曜日の夜に行う。
・夜の避難所までの移動が安全かどうかを確かめる。
○定期的にチェックリストを使って備品点検をする。
・チェックリストの作成と使用期限の確認，季節による異なる備えについて準備する。
・飲食物だけでなく，薬やトイレ用品等についても必要なものを確認する。
○地震以外の災害についても備えられるようにする。
・台風や大雨では雨具や長靴を備える。
・大雪では雪かきなどの用具を備える。

他の生徒等の意見を参考に，改善する具体的な内容や行動について記述していることから（A）と判断した。

第3編
家庭
事例4

（5）「主体的に学習に取り組む態度」の評価規準③の評価について

　この題材では，わが家の防災対策に関する課題解決に向けて，主体的に粘り強く取り組もうとしているか，実践した結果を評価・改善する場面でうまくいかなかったことを振り返って改善しようとするなど，自らの学習を調整しようとしているかについて評価する。また，更によりよい生活にするために，我が家の防災対策に関する新たな課題を見付け，家庭や地域での次の実践に取り組もうとしているかについて評価する。

　3，4時間目の評価規準③については，ポートフォリオ〔例3〕の記述内容や行動観察から評価する。例えば，4時間目のこれからの生活を展望する場面では，生徒Sは，他の生徒の意見を参考に，自然災害に備えるための防災対策について家庭や地域での新たな課題を見付け，次の実践に取り組もうとする記述をしていることから，「おおむね満足でできる」状況（B）と判断した。

ポートフォリオ〔例3〕の一部（3／4時間）　生徒S

【学習を振り返って】

「自然災害に備えるための防災対策」とは？学習前と学習後を比べてわかったこと・感じたこと・これからの活動について
・・・・（省略）・・・と分かった。
・私自身は地震対策に取り組んだ。取り組む前は，家の中のことにだけ目を向けていたが，実際に避難する時には，家の外や避難所まで行くのにも危険があると分かったので，他にもないか調べて，できることに取り組んでいきたい。
・防災訓練などに参加していきたい。
・これからも家族に相談し，家族中で考えていきたい。

態③

〈主体的に学習に取り組む態度〉③
※「十分満足できる」状況（A）と判断した生徒の具体的な例

「自然災害に備えるための防災対策」とは？学習前と学習後を比べてわかったこと・感じたこと・これからの活動について
・・・（省略）・・・
・・・（中略）。地震での家の内や外，避難所までの危険箇所を調べるだけでなく，もしもの時の避難所での生活の課題についても考え，計画的に取り組んでいきたい。
・防災訓練などに家族全員で参加し，地域の一員としての活動にしていくためにできることを家族と一緒に考えたい。
・・・（中略）。
・災害に備えるための防災対策に万全はない。常に改善し，災害に対する勉強をして，その場に応じた判断ができるようにしたい。

　家庭や地域での実践について，新たな課題を見付けるとともに，改善に向けた意欲だけでなく，これからの活動についても具体的に記述していることから（A）と判断した。

【参考資料】「思考・判断・表現」の評価規準②の評価について

　2時間目の評価規準②については，実践計画を考え，工夫する場面で，「我が家の防災対策プロジェクト」計画・実践レポート〔例4〕の記述内容や行動観察から評価する。例えば，生徒Sは，課題解決に向け，今まで学んだことを踏まえて実践計画を考え，他の生徒のアドバイスからハザードマップの確認や屋外での災害時行動マニュアルの作成も加えて計画を改善し，記述していることから「おおむね満足できる状況」（B）と判断した。

「我が家の防災対策プロジェクト」計画・実践レポート〔例4〕の一部（2/4時間）生徒S

Ⅱ計画を立てよう

テーマ	我が家の地震安全対策 ～みんなが安全に避難するために～		
テーマ設定の理由	今までの授業で家の中の地震対策については学習してきたが，十分に備えているとは言えない。特に，家の外の対策や地域の避難所の状況や避難訓練，防災対策などについて知らないことが多いのでしっかり対策を考えたい。		
具体的な取組	時期	夏休み～2学期はじめ	【計画の改善点】〇ハザードマップの確認〇災害時行動マニュアルを作成する（屋外編）
	場所	自分の家の外回り，避難所までの経路，地区の防災訓練	
	計画	1 家の外の状況を調べる2 地震の時，困ったこと，大変だったこと，用意しておくとよかったものなどを調べる（インターネット・本を利用）3 避難所まで実際に歩いて調べる4 家族で相談する（家族会議）	
	予算		
	協力者	家族（父・母・姉・祖母），地域の方	
準備するもの	・参考となる本 ・チェックリスト ・教科書・家庭科資料集 ・学習カード ・防災マ		思②

〈思考・判断・表現〉②
※「十分満足できる」状況（A）と判断した生徒の具体的な例

ここでは，「計画の改善点」の記述のみ示している。

【計画の改善点】
〇・・（中略）・・・
〇屋外での災害時行動マニュアルを作成する
・避難ルート（2～3種類）
・避難所でのルール
・災害用トイレ確認　　など

他の生徒のアドバイスを参考に，計画の改善点のポイントを具体的に記述していることから（A）と判断した。

計画を立てる場面における「主体的に学習に取り組む態度」の評価規準①②の評価（2/4時間）

2時間目の評価規準①②については，ポートフォリオ〔例5〕の記述内容や行動観察から評価する。評価規準①と②の学びの姿は，相互に関わり合いながら立ち現れることから同じ場面で評価することが考えられる。例えば，2時間目の計画について評価・改善する場面では，生徒Sは，調べる場所や方法については計画を立てることができたが，更に必要な対策についての計画を立てることについて考えることができなかったと自己評価し，他の生徒のアドバイスを生かして，自分の計画の改善をしようと粘り強く取り組んでいる様子を記入していることから「おおむね満足できる」状況（B）と判断する。

ポートフォリオ〔例5〕の一部　生徒S

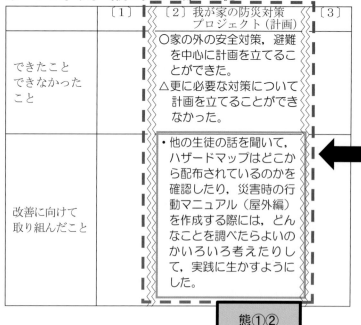

	〔1〕	〔2〕我が家の防災対策プロジェクト（計画）	〔3〕
できたことできなかったこと		〇家の外の安全対策，避難を中心に計画を立てることができた。△更に必要な対策について計画を立てることができなかった。	
改善に向けて取り組んだこと		・他の生徒の話を聞いて，ハザードマップはどこから配布されているのかを確認したり，災害時の行動マニュアル（屋外編）を作成する際には，どんなことを調べたらよいのかいろいろ考えたりして，実践に生かすようにした。	

態①②

〈主体的に学習に取り組む態度〉①②
※「十分満足できる」状況（A）と判断した生徒の具体的な例

ここでは，「改善に向けて取り組んだこと」の記述のみ示している。

・・・（中略），災害時の行動マニュアル作成（屋外編）では，災害用マンホールトイレの確認，避難所のバリアフリーの状況など，避難所で必要なことについて，自分の目で見て具体的に調べ，計画に生かすようにした。

自分の計画を振り返って，他の生徒のアドバイスを参考に，自ら避難所に出向いて自分の目で確かめるなど具体的な解決方法を考え生かそうとしていることから（A）と判断した。

第3編
家庭
事例4

【「我が家の防災対策プロジェクト」計画・実践レポート】

Ⅰ課題を見つけよう

生活を見直そう

1．自然災害を挙げてみよう

2．1であげた自然災害の中から1つ選び，災害に対する自分の家の状況を考えよう

建物	家の中	家の外
家族	災害	物の備え
地域の人々との関わり	地域の状況	避難所

○：できていること　　×：できていないこと　　？：わからないこと

課題を決めよう

3．自分の家の状況の中で特に興味のある内容について考えよう

これまで学習していること	自然災害について知りたいこと	解決の方法
	思考・判断・表現①	

課題：

4．課題について，家族の意見を聞こう

Ⅱ計画を立てよう　〔例4〕

テーマ	
テーマ設定の理由	思考・判断・表現②
具体的な取組	時期 / 場所 / 計画　【計画の改善点】 / 予算 / 協力者
準備するもの	

Ⅲ実践しよう　〔例1〕

思考・判断・表現④

実践を終えての感想	家族・地域の人から

Ⅳ振り返ろう　〔例2〕

実践の成果	実践の課題

発表に対する意見（付箋を貼る）

よかった点	改善点

今後の改善策	自己評価
思考・判断・表現③	課題は適切に設定できたか　　　　A B C D
	実践計画を考え，工夫することができたか　　　　A B C D
	実践は計画通りに進めることができたか　　　　A B C D
	根拠を明確にして発表することができたか　　　　A B C D
	実践の成果と課題を明確にすることができたか　　　　A B C D

【ポートフォリオ】　　我が家の防災対策

年　　組　　番

【学習の前に】　「災害に備えるための防災対策」にはどんな対策があるか？

〔例5〕	〔1〕自然災害に備えた我が家の安全な住空間	〔2〕我が家の防災対策プロジェクト（計画）	家庭・地域での実践	〔3〕我が家の防災対策プロジェクト（評価・改善）
できたことできなかったこと		主体的に学習に取り組む態度①②		
改善に向けて取り組んだこと				

【学習を振り返って】　〔例3〕　主体的に学習に取り組む態度③

「自然災害に備えるための防災対策」とは？学習前と学習後を比べてわかったこと・感じたこと・これからの活動について

巻末資料

中学校技術・家庭科〔技術分野〕における「内容のまとまりごとの評価規準（例）」

1　技術分野の目標と評価の観点及びその趣旨

　技術の見方・考え方を働かせ，ものづくりなどの技術に関する実践的・体験的な活動を通して，技術によってよりよい生活や持続可能な社会を構築する資質・能力を次のとおり育成することを目指す。

	（1）	（2）	（3）
目標	生活や社会で利用されている材料，加工，生物育成，エネルギー変換及び情報の技術についての基礎的な理解を図るとともに，それらに係る技能を身に付け，技術と生活や社会，環境との関わりについて理解を深める。	生活や社会の中から技術に関わる問題を見いだして課題を設定し，解決策を構想し，製作図等に表現し，試作等を通じて具体化し，実践を評価・改善するなど，課題を解決する力を養う。	よりよい生活の実現や持続可能な社会の構築に向けて，適切かつ誠実に技術を工夫し創造しようとする実践的な態度を養う。

（中学校学習指導要領 P.132）

観点	知識・技能	思考・判断・表現	主体的に学習に取り組む態度
趣旨	生活や社会で利用されている技術について理解しているとともに，それらに係る技能を身に付け，技術と生活や社会，環境との関わりについて理解している。	生活や社会の中から技術に関わる問題を見いだして課題を設定し，解決策を構想し，実践を評価・改善し，表現するなどして課題を解決する力を身に付けている。	よりよい生活の実現や持続可能な社会の構築に向けて，課題の解決に主体的に取り組んだり，振り返って改善したりして，技術を工夫し創造しようとしている。

（改善等通知　別紙4　P.18）

2　内容のまとまりごとの評価規準（例）

「A　材料と加工の技術」

（1）「生活や社会を支える材料と加工の技術」

知識・技能	思考・判断・表現	主体的に学習に取り組む態度
材料や加工の特性等の原理・法則と，材料の製造・加工方法等の基礎的な技術の仕組みについて理解している。	材料と加工の技術に込められた問題解決の工夫について考えている。	主体的に材料と加工の技術について考え，理解しようとしている。

（2）「材料と加工の技術による問題の解決」

知識・技能	思考・判断・表現	主体的に学習に取り組む態度
製作に必要な図をかき，安全・適切な製作や検査・点検等ができる	問題を見いだして課題を設定し，材料の選択や成形の方法等を構	よりよい生活の実現や持続可能な社会の構築に向けて，課題の

技能を身に付けている。	想して設計を具体化するとともに，製作の過程や結果の評価，改善及び修正について考えている。	解決に主体的に取り組んだり，振り返って改善したりしようとしている。

(3)「社会の発展と材料と加工の技術」

知識・技能	思考・判断・表現	主体的に学習に取り組む態度
生活や社会，環境との関わりを踏まえて，材料と加工の技術の概念を理解している。	材料と加工の技術を評価し，適切な選択と管理・運用の在り方や，新たな発想に基づく改良と応用について考えている。	よりよい生活の実現や持続可能な社会の構築に向けて，材料と加工の技術を工夫し創造しようとしている。

「B　生物育成の技術」

(1)「生活や社会を支える生物育成の技術」

知識・技能	思考・判断・表現	主体的に学習に取り組む態度
育成する生物の成長，生態の特性等の原理・法則と，育成環境の調節方法等の基礎的な技術の仕組みについて理解している。	生物育成の技術に込められた問題解決の工夫について考えている。	主体的に生物育成の技術について考え，理解しようとしている。

(2)「生物育成の技術による問題の解決」

知識・技能	思考・判断・表現	主体的に学習に取り組む態度
安全・適切な栽培又は飼育，検査等ができる技能を身に付けている。	問題を見いだして課題を設定し，育成環境の調節方法を構想して育成計画を立てるとともに，栽培又は飼育の過程や結果の評価，改善及び修正について考えている。	よりよい生活の実現や持続可能な社会の構築に向けて，課題の解決に主体的に取り組んだり，振り返って改善したりしようとしている。

(3)「社会の発展と生物育成の技術」

知識・技能	思考・判断・表現	主体的に学習に取り組む態度
生活や社会，環境との関わりを踏まえて，生物育成の技術の概念を理解している。	生物育成の技術を評価し，適切な選択と管理・運用の在り方や，新たな発想に基づく改良と応用について考えている。	よりよい生活の実現や持続可能な社会の構築に向けて，生物育成の技術を工夫し創造しようとしている。

「C　エネルギー変換の技術」

(1)「生活や社会を支えるエネルギー変換の技術」

知識・技能	思考・判断・表現	主体的に学習に取り組む態度
電気，運動，熱の特性等の原理・	エネルギー変換の技術に込めら	主体的にエネルギー変換の技術

知識・技能	思考・判断・表現	主体的に学習に取り組む態度
法則と，エネルギーの変換や伝達等に関わる基礎的な技術の仕組み及び保守点検の必要性について理解している。	れた問題解決の工夫について考えている。	について考え，理解しようとしている。

(2)「エネルギー変換の技術による問題の解決」

知識・技能	思考・判断・表現	主体的に学習に取り組む態度
安全・適切な製作，実装，点検及び調整等ができる技能を身に付けている。	問題を見いだして課題を設定し，電気回路又は力学的な機構等を構想して設計を具体化するとともに，製作の過程や結果の評価，改善及び修正について考えている。	よりよい生活の実現や持続可能な社会の構築に向けて，課題の解決に主体的に取り組んだり，振り返って改善したりしようとしている。

(3)「社会の発展とエネルギー変換の技術」

知識・技能	思考・判断・表現	主体的に学習に取り組む態度
生活や社会，環境との関わりを踏まえて，エネルギー変換の技術の概念を理解している。	エネルギー変換の技術を評価し，適切な選択と管理・運用の在り方や，新たな発想に基づく改良と応用について考えている。	よりよい生活の実現や持続可能な社会の構築に向けて，エネルギー変換の技術を工夫し創造しようとしている。

「D 情報の技術」
(1)「生活や社会を支える情報の技術」

知識・技能	思考・判断・表現	主体的に学習に取り組む態度
情報の表現，記録，計算，通信の特性等の原理・法則と，情報のデジタル化や処理の自動化，システム化，情報セキュリティ等に関わる基礎的な技術の仕組み及び情報モラルの必要性について理解している。	情報の技術に込められた問題解決の工夫について考えている。	主体的に情報の技術について考え，理解しようとしている。

(2)「ネットワークを利用した双方向性のあるコンテンツのプログラミングによる問題の解決」

知識・技能	思考・判断・表現	主体的に学習に取り組む態度
情報通信ネットワークの構成と，情報を利用するための基本的な仕組みを理解し，安全・適切なプログラムの制作，動作の確認及び	問題を見いだして課題を設定し，使用するメディアを複合する方法とその効果的な利用方法等を構想して情報処理の手順を具体	よりよい生活の実現や持続可能な社会の構築に向けて，課題の解決に主体的に取り組んだり，振り返って改善したりしようと

知識・技能	思考・判断・表現	主体的に学習に取り組む態度
デバッグ等ができる技能を身に付けている。	化するとともに，制作の過程や結果の評価，改善及び修正について考えている。	している。

(3)「計測・制御のプログラミングによる問題の解決」

知識・技能	思考・判断・表現	主体的に学習に取り組む態度
計測・制御システムの仕組みを理解し，安全・適切なプログラムの制作，動作の確認及びデバッグ等ができる技能を身に付けている。	問題を見いだして課題を設定し，入出力されるデータの流れを元に計測・制御システムを構想して情報処理の手順を具体化するとともに，制作の過程や結果の評価，改善及び修正について考えている。	よりよい生活の実現や持続可能な社会の構築に向けて，課題の解決に主体的に取り組んだり，振り返って改善したりしようとしている。

(4)「社会の発展と情報の技術」

知識・技能	思考・判断・表現	主体的に学習に取り組む態度
生活や社会，環境との関わりを踏まえて，情報の技術の概念を理解している。	情報の技術を評価し，適切な選択と管理・運用の在り方や，新たな発想に基づく改良と応用について考えている。	よりよい生活の実現や持続可能な社会の構築に向けて，情報の技術を工夫し創造しようとしている。

巻末資料

中学校技術・家庭科〔家庭分野〕における「内容のまとまりごとの評価規準（例）」

1 家庭分野の目標と評価の観点及びその趣旨

　生活の営みに係る見方・考え方を働かせ，衣食住などに関する実践的・体験的な活動を通して，よりよい生活の実現に向けて，生活を工夫し創造する資質・能力を次のとおり育成することを目指す。

	（1）	（2）	（3）
目標	家族・家庭の機能について理解を深め，家族・家庭，衣食住，消費や環境などについて，生活の自立に必要な基礎的な理解を図るとともに，それらに係る技能を身に付けるようにする。	家族・家庭や地域における生活の中から問題を見いだして課題を設定し，解決策を構想し，実践を評価・改善し，考察したことを論理的に表現するなど，これからの生活を展望して課題を解決する力を養う。	自分と家族，家庭生活と地域との関わりを考え，家族や地域の人々と協働し，よりよい生活の実現に向けて，生活を工夫し創造しようとする実践的な態度を養う。

（中学校学習指導要領 P. 136）

観点	知識・技能	思考・判断・表現	主体的に学習に取り組む態度
趣旨	家族・家庭の基本的な機能について理解を深め，生活の自立に必要な家族・家庭，衣食住，消費や環境などについて理解しているとともに，それらに係る技能を身に付けている。	これからの生活を展望し，家族・家庭や地域における生活の中から問題を見いだして課題を設定し，解決策を構想し，実践を評価・改善し，考察したことを論理的に表現するなどして課題を解決する力を身に付けている。	家族や地域の人々と協働し，よりよい生活の実現に向けて，課題の解決に主体的に取り組んだり，振り返って改善したりして，生活を工夫し創造し，実践しようとしている。

（改善等通知　別紙4　P. 18）

2 内容のまとまりごとの評価規準（例）

「A　家族・家庭生活」

(1)「自分の成長と家族・家庭生活」

知識・技能	思考・判断・表現	主体的に学習に取り組む態度
自分の成長と家族や家庭生活との関わりが分かり，家族・家庭の基本的な機能について理解しているとともに，家族や地域の人々と協力・協働して家庭生活を営む必要があることに気付いている。		

(2) 「幼児の生活と家族」

知識・技能	思考・判断・表現	主体的に学習に取り組む態度
・幼児の発達と生活の特徴が分かり，子供が育つ環境としての家族の役割について理解している。 ・幼児にとっての遊びの意義や幼児との関わり方について理解している。	幼児との関わり方について問題を見いだして課題を設定し，解決策を構想し，実践を評価・改善し，考察したことを論理的に表現するなどして課題を解決する力を身に付けている。	家族や地域の人々と協働し，よりよい生活の実現に向けて，幼児の生活と家族について，課題の解決に主体的に取り組んだり，振り返って改善したりして，生活を工夫し創造し，実践しようとしている。

(3) 「家族・家庭や地域との関わり」

知識・技能	思考・判断・表現	主体的に学習に取り組む態度
・家族の互いの立場や役割が分かり，協力することによって家族関係をよりよくできることについて理解している。 ・家庭生活は地域との相互の関わりで成り立っていることが分かり，高齢者など地域の人々と協働する必要があることや介護など高齢者との関わり方について理解している。	家族関係をよりよくする方法及び高齢者など地域の人々と関わり，協働する方法について問題を見いだして課題を設定し，解決策を構想し，実践を評価・改善し，考察したことを論理的に表現するなどして課題を解決する力を身に付けている。	家族や地域の人々と協働し，よりよい生活の実現に向けて，家族・家庭や地域との関わりについて，課題の解決に主体的に取り組んだり，振り返って改善したりして，生活を工夫し創造し，実践しようとしている。

(4) 「家族・家庭生活についての課題と実践」

知識・技能	思考・判断・表現	主体的に学習に取り組む態度
	家族，幼児の生活又は地域の生活の中から問題を見いだして課題を設定し，解決策を構想し，計画を立てて実践した結果を評価・改善し，考察したことを論理的に表現するなどして課題を解決する力を身に付けている。	家族や地域の人々と協働し，よりよい生活の実現に向けて，家族，幼児の生活又は地域の生活について，課題の解決に主体的に取り組んだり，振り返って改善したりして，生活を工夫し創造し，家庭や地域などで実践しようとしている。

「B　衣食住の生活」
(1) 「食事の役割と中学生の栄養の特徴」

知識・技能	思考・判断・表現	主体的に学習に取り組む態度
・生活の中で食事が果たす役割	自分の食習慣について問題を見	よりよい生活の実現に向けて，

について理解している。 ・中学生に必要な栄養の特徴が分かり，健康によい食習慣について理解している。	いだして課題を設定し，解決策を構想し，実践を評価・改善し，考察したことを論理的に表現するなどして課題を解決する力を身に付けている。	食事の役割と中学生の栄養の特徴について，課題の解決に主体的に取り組んだり，振り返って改善したりして，生活を工夫し創造し，実践しようとしている。

(2)「中学生に必要な栄養を満たす食事」

知識・技能	思考・判断・表現	主体的に学習に取り組む態度
・栄養素の種類と働きが分かり，食品の栄養的な特質について理解している。 ・中学生の1日に必要な食品の種類と概量が分かり，1日分の献立作成の方法について理解している。	中学生の1日分の献立について問題を見いだして課題を設定し，解決策を構想し，実践を評価・改善し，考察したことを論理的に表現するなどして課題を解決する力を身に付けている。	よりよい生活の実現に向けて，中学生に必要な栄養を満たす食事について，課題の解決に主体的に取り組んだり，振り返って改善したりして，生活を工夫し創造し，実践しようとしている。

(3)「日常食の調理と地域の食文化」

知識・技能	思考・判断・表現	主体的に学習に取り組む態度
・日常生活と関連付け，用途に応じた食品の選択について理解しているとともに，適切にできる。 ・食品や調理用具等の安全と衛生に留意した管理について理解しているとともに，適切にできる。 ・材料に適した加熱調理の仕方について理解しているとともに，基礎的な日常食の調理が適切にできる。 ・地域の食文化について理解しているとともに，地域の食材を用いた和食の調理が適切にできる。	日常の1食分の調理における食品の選択や調理の仕方，調理計画について問題を見いだして課題を設定し，解決策を構想し，実践を評価・改善し，考察したことを論理的に表現するなどして課題を解決する力を身に付けている。	家族や地域の人々と協働し，よりよい生活の実現に向けて，日常食の調理と地域の食文化について，課題の解決に主体的に取り組んだり，振り返って改善したりして，生活を工夫し創造し，実践しようとしている。

(4)「衣服の選択と手入れ」

知識・技能	思考・判断・表現	主体的に学習に取り組む態度
・衣服と社会生活との関わりが	衣服の選択，材料や状態に応じた	よりよい生活の実現に向けて，

知識・技能	思考・判断・表現	主体的に学習に取り組む態度
分かり，目的に応じた着用，個性を生かす着用及び衣服の適切な選択について理解している。 ・衣服の計画的な活用の必要性，衣服の材料や状態に応じた日常着の手入れについて理解しているとともに，適切にできる。	日常着の手入れの仕方について問題を見いだして課題を設定し，解決策を構想し，実践を評価・改善し，考察したことを論理的に表現するなどして課題を解決する力を身に付けている。	衣服の選択と手入れについて，課題の解決に主体的に取り組んだり，振り返って改善したりして，生活を工夫し創造し，実践しようとしている。

(5) 「生活を豊かにするための布を用いた製作」

知識・技能	思考・判断・表現	主体的に学習に取り組む態度
・製作する物に適した材料や縫い方について理解しているとともに，用具を安全に取り扱い，製作が適切にできる。	資源や環境に配慮し，生活を豊かにするための布を用いた物の製作計画や製作について問題を見いだして課題を設定し，解決策を構想し，実践を評価・改善し，考察したことを論理的に表現するなどして課題を解決する力を身に付けている。	よりよい生活の実現に向けて，生活を豊かにするための布を用いた製作について，課題の解決に主体的に取り組んだり，振り返って改善したりして，生活を工夫し創造し，実践しようとしている。

(6) 「住居の機能と安全な住まい方」

知識・技能	思考・判断・表現	主体的に学習に取り組む態度
・家族の生活と住空間との関わりが分かり，住居の基本的な機能について理解している。 ・家庭内の事故の防ぎ方など家族の安全を考えた住空間の整え方について理解している。	家族の安全を考えた住空間の整え方について問題を見いだして課題を設定し，解決策を構想し，実践を評価・改善し，考察したことを論理的に表現するなどして課題を解決する力を身に付けている。	家族や地域の人々と協働し，よりよい生活の実現に向けて，住居の機能と安全な住まい方について，課題の解決に主体的に取り組んだり，振り返って改善したりして，生活を工夫し創造し，実践しようとしている。

(7) 「衣食住の生活についての課題と実践」

知識・技能	思考・判断・表現	主体的に学習に取り組む態度
	食生活，衣生活，住生活の中から問題を見いだして課題を設定し，解決策を構想し，計画を立てて実践した結果を評価・改善し，考察したことを論理的に表現するなど	家族や地域の人々と協働し，よりよい生活の実現に向けて，食生活，衣生活，住生活について，課題の解決に主体的に取り組んだり，振り返って改善したりし

	して課題を解決する力を身に付けている。	て，生活を工夫し創造し，家庭や地域などで実践しようとしている。

「C　消費生活・環境」

(1)「金銭の管理と購入」

知識・技能	思考・判断・表現	主体的に学習に取り組む態度
・購入方法や支払い方法の特徴が分かり，計画的な金銭管理の必要性について理解している。 ・売買契約の仕組み，消費者被害の背景とその対応について理解しているとともに，物資・サービスの選択に必要な情報の収集・整理が適切にできる。	物資・サービスの購入について問題を見いだして課題を設定し，解決策を構想し，実践を評価・改善し，考察したことを論理的に表現するなどして課題を解決する力を身に付けている。	よりよい生活の実現に向けて，金銭の管理と購入について，課題の解決に主体的に取り組んだり，振り返って改善したりして，生活を工夫し創造し，実践しようとしている。

(2)「消費者の権利と責任」

知識・技能	思考・判断・表現	主体的に学習に取り組む態度
・消費者の基本的な権利と責任，自分や家族の消費生活が環境や社会に及ぼす影響について理解している。	自立した消費者としての消費行動について問題を見いだして課題を設定し，解決策を構想し，実践を評価・改善し，考察したことを論理的に表現するなどして課題を解決する力を身に付けている。	よりよい生活の実現に向けて，消費者の権利と責任について，課題の解決に主体的に取り組んだり，振り返って改善したりして，生活を工夫し創造し，実践しようとしている。

(3)「消費生活・環境についての課題と実践」

知識・技能	思考・判断・表現	主体的に学習に取り組む態度
	自分や家族の消費生活の中から問題を見いだして課題を設定し，解決策を構想し，計画を立てて実践した結果を評価・改善し，考察したことを論理的に表現するなどして課題を解決する力を身に付けている。	家族や地域の人々と協働し，よりよい生活の実現に向けて，自分や家族の消費生活について，課題の解決に主体的に取り組んだり，振り返って改善したりして，生活を工夫し創造し，家庭や地域などで実践しようとしている。

巻末
資料

評価規準，評価方法等の工夫改善に関する調査研究について

平成 31 年 2 月 4 日　国立教育政策研究所長裁定
平成 31 年 4 月 12 日　一　　部　　改　　正

1　趣　旨

　学習評価については，中央教育審議会初等中等教育分科会教育課程部会において「児童生徒の学習評価の在り方について」（平成 31 年 1 月 21 日）の報告がまとめられ，新しい学習指導要領に対応した，各教科等の評価の観点及び評価の観点に関する考え方が示されたところである。

　これを踏まえ，各小学校，中学校及び高等学校における児童生徒の学習の効果的，効率的な評価に資するため，教科等ごとに，評価規準，評価方法等の工夫改善に関する調査研究を行う。

2　調査研究事項

（1）評価規準及び当該規準を用いた評価方法に関する参考資料の作成

（2）学校における学習評価に関する取組についての情報収集

（3）上記（1）及び（2）に関連する事項

3　実施方法

　調査研究に当たっては，教科等ごとに教育委員会関係者，教師及び学識経験者等を協力者として委嘱し，2 の事項について調査研究を行う。

4　庶　務

　この調査研究にかかる庶務は，教育課程研究センターにおいて処理する。

5　実施期間

　平成 31 年 4 月 19 日〜令和 2 年 3 月 31 日

巻末
資料

評価規準，評価方法等の工夫改善に関する調査研究協力者（五十音順）

（職名は平成 31 年 4 月現在）

技術分野

尾﨑　　誠	神奈川県厚木市立荻野中学校総括教諭
岳野　公人	滋賀大学教授
中西　康雅	三重大学准教授
森山　　潤	兵庫教育大学教授
谷田　親彦	広島大学准教授
渡邊　茂一	相模原市教育センター指導主事

家庭分野

加藤　順子	さいたま市立大宮八幡中学校教諭
熊谷有紀子	長野県上松町立上松中学校教頭
清水　弘美	山梨県総合教育センター主幹
杉山久仁子	横浜国立大学教授
筒井　恭子	前国立教育政策研究所教育課程研究センター研究開発部教育課程調査官
長島　淑子	さいたま市立大成小学校校長
山﨑　幸子	神奈川県平塚市立金旭中学校教頭

国立教育政策研究所においては，次の関係官が担当した。

| 上野　耕史 | 国立教育政策研究所教育課程研究センター研究開発部教育課程調査官 |
| 丸山　早苗 | 国立教育政策研究所教育課程研究センター研究開発部教育課程調査官 |

この他，本書編集の全般にわたり，国立教育政策研究所において以下の者が担当した。

笹井　弘之	国立教育政策研究所教育課程研究センター長
清水　正樹	国立教育政策研究所教育課程研究センター研究開発部副部長
髙井　　修	国立教育政策研究所教育課程研究センター研究開発部研究開発課長
高橋　友之	国立教育政策研究所教育課程研究センター研究開発部研究開発課指導係長
奥田　正幸	国立教育政策研究所教育課程研究センター研究開発部研究開発課指導係専門職
森　　孝博	国立教育政策研究所教育課程研究センター研究開発部教育課程調査官

巻末
資料

学習指導要領等関係資料について

　学習指導要領等の関係資料は以下のとおりです。いずれも，文部科学省や国立教育政策研究所のウェブサイトから閲覧が可能です。スマートフォンなどで閲覧する際は，以下の二次元コードを読み取って，資料に直接アクセスする事が可能です。本書と合わせて是非ご覧ください。

① 学習指導要領、学習指導要領解説　等
② 中央教育審議会答申「幼稚園、小学校、中学校、高等学校及び特別支援学校の学習指導要領等の改善及び必要な方策等について」（平成28年12月21日）
③ 中央教育審議会初等中等教育分科会教育課程部会報告「児童生徒の学習評価の在り方について」（平成31年1月21日）
④ 小学校，中学校，高等学校及び特別支援学校等における児童生徒の学習評価及び指導要録の改善等について（平成31年3月29日30文科初第1845号初等中等教育局長通知）
　　　　　　　　　　※各教科等の評価の観点等及びその趣旨や指導要録（参考様式）は，同通知に掲載。
⑤ 学習評価の在り方ハンドブック（小・中学校編）（令和元年6月）
⑥ 学習評価の在り方ハンドブック（高等学校編）（令和元年6月）
⑦ 平成29年改訂の小・中学校学習指導要領に関するQ&A
⑧ 平成30年改訂の高等学校学習指導要領に関するQ&A
⑨ 平成29・30年改訂の学習指導要領下における学習評価に関するQ&A

学習評価の在り方ハンドブック

小・中学校編

文部科学省 国立教育政策研究所教育課程研究センター

学習指導要領

学習指導要領とは, 国が定めた「教育課程の基準」です。

（学校教育法施行規則第52条, 74条, 84条及び129条等より）

小学校
学習指導要領（平成29年告示）
平成29年3月 告示

中学校
学習指導要領（平成29年告示）
平成29年3月 告示

高等学校
学習指導要領（平成30年告示）
平成30年3月 告示

特別支援学校
幼稚部教育要領
小学部・中学部学習指導要領

特別支援学校
高等部学習指導要領

■学習指導要領の構成
〈小学校の例〉

総則は, 以下の項目で整理され, 全ての教科等に共通する事項が記載されています。
- ● 第1　小学校教育の基本と教育課程の役割
- ● 第2　教育課程の編成
- ● 第3　教育課程の実施と学習評価
- ● 第4　児童の発達の支援
- ● 第5　学校運営上の留意事項
- ● 第6　道徳教育に関する配慮事項

> 学習評価の
> 実施に当たっての
> 配慮事項

前文
第1章　総則
第2章　各教科
　　　　第1節　　国語
　　　　第2節　　社会
　　　　第3節　　算数
　　　　第4節　　理科
　　　　第5節　　生活
　　　　第6節　　音楽
　　　　第7節　　図画工作
　　　　第8節　　家庭
　　　　第9節　　体育
　　　　第10節　　外国語
第3章　特別の教科 道徳
第4章　外国語活動
第5章　総合的な学習の時間
第6章　特別活動

各教科等の目標, 内容等が記載されています。
（例）第1節　国語
- ● 第1　目標
- ● 第2　各学年の目標及び内容
- ● 第3　指導計画の作成と内容の取扱い

> 平成29年改訂学習指導要領の各教科等の目標や内容は, 教育課程全体を通して育成を目指す資質・能力の三つの柱に基づいて再整理されています。
>
> ア 何を理解しているか, 何ができるか
> 　（生きて働く「知識・技能」の習得）
> イ 理解していること・できることをどう使うか（未知の状況にも
> 　対応できる「思考力・判断力・表現力等」の育成）
> ウ どのように社会・世界と関わり, よりよい人生を送るか
> 　（学びを人生や社会に生かそうとする「学びに向かう力・
> 　人間性等」の涵養）

平成29年改訂「小学校学習指導要領」より
※中学校もおおむね同様の構成です。

詳しくは, 文部科学省Webページ「学習指導要領のくわしい内容」をご覧ください。
(http://www.mext.go.jp/a_menu/shotou/new-cs/1383986.htm)

学習指導要領解説

学習指導要領解説とは, 大綱的な基準である学習指導要領の記述の意味や解釈などの詳細について説明するために, 文部科学省が作成したものです。

■学習指導要領解説の構成
〈小学校 国語編の例〉

● 第1章 総説
    1 改訂の経緯及び基本方針
    2 国語科の改訂の趣旨及び要点

> 総説
> 改訂の経緯及び
> 基本方針

● 第2章 国語科の目標及び内容
  第1節 国語科の目標
    1 教科の目標
    2 学年の目標
  第2節 国語科の内容
    1 内容の構成
    2 〔知識及び技能〕の内容
    3 〔思考力, 判断力, 表現力等〕の内容

● 第3章 各学年の内容
  第1節 第1学年及び第2学年の内容
    1 〔知識及び技能〕
    2 〔思考力, 判断力, 表現力等〕
  第2節 第3学年及び第4学年の内容
    1 〔知識及び技能〕
    2 〔思考力, 判断力, 表現力等〕
  第3節 第5学年及び第6学年の内容
    1 〔知識及び技能〕
    2 〔思考力, 判断力, 表現力等〕

● 第4章 指導計画の作成と内容の取扱い
    1 指導計画作成上の配慮事項
    2 内容の取扱いについての配慮事項
    3 教材についての配慮事項

> 指導計画作成や
> 内容の取扱いに係る配慮事項

● 付録
  付録1: 学校教育施行規則 (抄)
  付録2: 小学校学習指導要領 第1章 総則
  付録3: 小学校学習指導要領 第2章 第1節 国語
  付録4: 教科の目標, 各学年の目標及び内容の系統表
      (小・中学校国語科)
  付録5: 中学校学習指導要領 第2章 第1節 国語
  付録6: 小学校学習指導要領 第2章 第10節 外国語
  付録7: 小学校学習指導要領 第4章 外国語活動
  付録8: 小学校学習指導要領 第3章 特別の教科 道徳
  付録9: 「道徳の内容」の学年段階・学校段階の一覧表
  付録10: 幼稚園教育要領

> 教科等の目標
> 及び内容の概要

> 参考
> (系統性等)

> 学年や
> 分野ごとの内容

「小学校学習指導要領解説 国語編」より
※中学校もおおむね同様の構成です。「総則編」「総合的な学習の時間編」及び「特別活動編」は異なった構成となっています。

教師は, 学習指導要領で定めた資質・能力が,
児童生徒に確実に育成されているかを評価します

学習評価の基本的な考え方

　学習評価は,学校における教育活動に関し,児童生徒の学習状況を評価するものです。「児童生徒にどういった力が身に付いたか」という学習の成果を的確に捉え,**教師が指導の改善を図る**とともに,**児童生徒自身が自らの学習を振り返って次の学習に向かうことができるようにする**ためにも,学習評価の在り方は重要であり,教育課程や学習・指導方法の改善と一貫性のある取組を進めることが求められます。

▌カリキュラム・マネジメントの一環としての指導と評価

　各学校は,日々の授業の下で児童生徒の学習状況を評価し,その結果を児童生徒の学習や教師による指導の改善や学校全体としての教育課程の改善,校務分掌を含めた組織運営等の改善に生かす中で,学校全体として組織的かつ計画的に教育活動の質の向上を図っています。

　このように,「学習指導」と「学習評価」は学校の教育活動の根幹であり,教育課程に基づいて組織的かつ計画的に教育活動の質の向上を図る「カリキュラム・マネジメント」の中核的な役割を担っています。

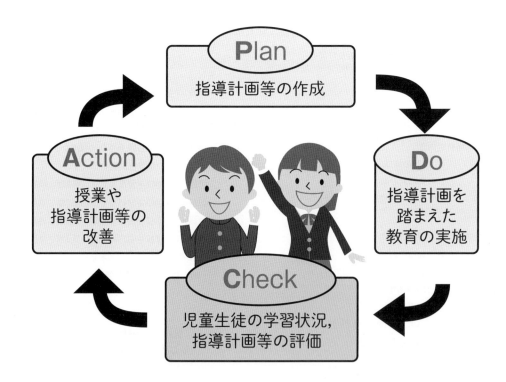

▌主体的・対話的で深い学びの視点からの授業改善と評価

　指導と評価の一体化を図るためには,児童生徒一人一人の学習の成立を促すための評価という視点を一層重視することによって,教師が自らの指導のねらいに応じて授業の中での児童生徒の学びを振り返り,学習や指導の改善に生かしていくというサイクルが大切です。平成29年改訂学習指導要領で重視している「主体的・対話的で深い学び」の視点からの授業改善を通して,各教科等における資質・能力を確実に育成する上で,学習評価は重要な役割を担っています。

- ☑ 教師の指導改善に
  つながるものにしていくこと

- ☑ 児童生徒の学習改善に
  つながるものにしていくこと

- ☑ これまで慣行として行われてきたことでも,
  必要性・妥当性が認められないものは
  見直していくこと

次の授業では
〇〇を重点的に
指導しよう。

〇〇のところは
もっと〜した方が
よいですね。

詳しくは,平成31年3月29日文部科学省初等中等教育局長通知「小学校,中学校,高等学校及び特別支援学校等における児童生徒の学習評価及び指導要録の改善等について(通知)」をご覧ください。
(http://www.mext.go.jp/b_menu/hakusho/nc/1415169.htm)

コラム　　　評価に戸惑う児童生徒の声

　「先生によって観点の重みが違うんです。授業態度をとても重視する先生もいるし,テストだけで判断するという先生もいます。そうすると,どう努力していけばよいのか本当に分かりにくいんです。」(中央教育審議会初等中等教育分科会教育課程部会 児童生徒の学習評価に関するワーキンググループ第7回における高等学校3年生の意見より)

　あくまでこれは一部の意見ですが,学習評価に対する児童生徒のこうした意見には,適切な評価を求める切実な思いが込められています。そのような児童生徒の声に応えるためにも,教師は,児童生徒への学習状況のフィードバックや,授業改善に生かすという評価の機能を一層充実させる必要があります。教師と児童生徒が共に納得する学習評価を行うためには,評価規準を適切に設定し,評価の規準や方法について,教師と児童生徒及び保護者で共通理解を図るガイダンス的な機能と,児童生徒の自己評価と教師の評価を結び付けていくカウンセリング的な機能を充実させていくことが重要です。

Column

学習評価の基本構造

平成29年改訂で,学習指導要領の目標及び内容が資質・能力の三つの柱で再整理されたことを踏まえ,各教科における観点別学習状況の評価の観点については,「知識・技能」,「思考・判断・表現」,「主体的に学習に取り組む態度」の3観点に整理されています。

「学びに向かう力,人間性等」には
①「主体的に学習に取り組む態度」として観点別評価(学習状況を分析的に捉える)を通じて見取ることができる部分と,
②観点別評価や評定にはなじまず,こうした評価では示しきれないことから個人内評価を通じて見取る部分があります。

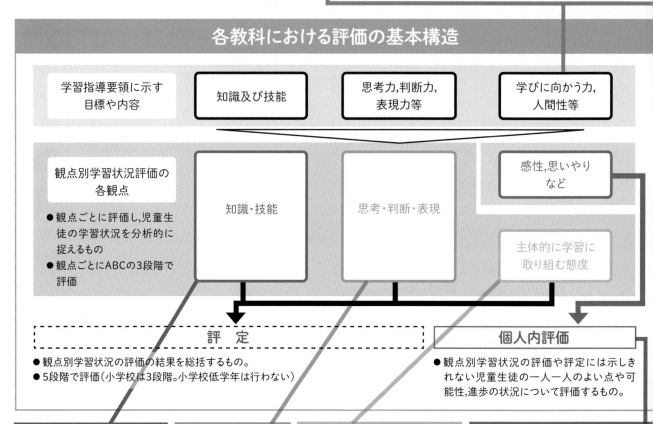

各教科における評価の基本構造

| 学習指導要領に示す目標や内容 | 知識及び技能 | 思考力,判断力,表現力等 | 学びに向かう力,人間性等 |

観点別学習状況評価の各観点
- 観点ごとに評価し,児童生徒の学習状況を分析的に捉えるもの
- 観点ごとにABCの3段階で評価

知識・技能　思考・判断・表現　主体的に学習に取り組む態度

感性,思いやりなど

評　定
- 観点別学習状況の評価の結果を総括するもの。
- 5段階で評価(小学校は3段階。小学校低学年は行わない)

個人内評価
- 観点別学習状況の評価や評定には示しきれない児童生徒の一人一人のよい点や可能性,進歩の状況について評価するもの。

各教科等における学習の過程を通した知識及び技能の習得状況について評価を行うとともに,それらを既有の知識及び技能と関連付けたり活用したりする中で,他の学習や生活の場面でも活用できる程度に概念等を理解したり,技能を習得したりしているかを評価します。

各教科等の知識及び技能を活用して課題を解決する等のために必要な思考力,判断力,表現力等を身に付けているかどうかを評価します。

知識及び技能を獲得したり,思考力,判断力,表現力等を身に付けたりするために,自らの学習状況を把握し,学習の進め方について試行錯誤するなど自らの学習を調整しながら,学ぼうとしているかどうかという意思的な側面を評価します。

個人内評価の対象となるものについては,児童生徒が学習したことの意義や価値を実感できるよう,日々の教育活動等の中で児童生徒に伝えることが重要です。特に,「学びに向かう力,人間性等」のうち「感性や思いやり」など児童生徒一人一人のよい点や可能性,進歩の状況などを積極的に評価し児童生徒に伝えることが重要です。

詳しくは,平成31年1月21日文部科学省中央教育審議会初等中等教育分科会教育課程部会「児童生徒の学習評価の在り方について(報告)」をご覧ください。
(http://www.mext.go.jp/b_menu/shingi/chukyo/chukyo3/004/gaiyou/1412933.htm)

特別の教科 道徳, 外国語活動, 総合的な学習の時間及び特別活動の評価について

特別の教科 道徳, 外国語活動(小学校のみ), 総合的な学習の時間, 特別活動についても, 学習指導要領で示したそれぞれの目標や特質に応じ, 適切に評価します。なお, 道徳科の評価は, 入学者選抜の合否判定に活用することのないようにする必要があります。

特別の教科 道徳(道徳科)

児童生徒の人格そのものに働きかけ, 道徳性を養うことを目標とする道徳科の評価としては, 観点別評価は妥当ではありません。授業において児童生徒に考えさせることを明確にして, 「道徳的諸価値についての理解を基に, 自己を見つめ, 物事を(広い視野から)多面的・多角的に考え, 自己の(人間としての)生き方についての考えを深める」という学習活動における児童生徒の具体的な取組状況を, 一定のまとまりの中で, 児童生徒が学習の見通しを立てたり学習したことを振り返ったりする活動を適切に設定しつつ, 学習活動全体を通して見取ります。

外国語活動(小学校のみ)

評価の観点については, 学習指導要領に示す「第1目標」を踏まえ, 右の表を参考に設定することとしています。この3つの観点に則して児童の学習状況を見取ります。

知識・技能	思考・判断・表現	主体的に学習に取り組む態度
●外国語を通して, 言語や文化について体験的に理解を深めている。 ●日本語と外国語の音声の違い等に気付いている。 ●外国語の音声や基本的な表現に慣れ親しんでいる。	身近で簡単な事柄について, 外国語で聞いたり話したりして自分の考えや気持ちなどを伝え合っている。	外国語を通して, 言語やその背景にある文化に対する理解を深め, 相手に配慮しながら, 主体的に外国語を用いてコミュニケーションを図ろうとしている。

総合的な学習の時間

評価の観点については, 学習指導要領に示す「第1目標」を踏まえ, 各学校において具体的に定めた目標, 内容に基づいて, 右の表を参考に定めることとしています。この3つの観点に則して児童生徒の学習状況を見取ります。

知識・技能	思考・判断・表現	主体的に学習に取り組む態度
探究的な学習の過程において, 課題の解決に必要な知識や技能を身に付け, 課題に関わる概念を形成し, 探究的な学習のよさを理解している。	実社会や実生活の中から問いを見いだし, 自分で課題を立て, 情報を集め, 整理・分析して, まとめ・表現している。	探究的な学習に主体的・協働的に取り組もうとしているとともに, 互いのよさを生かしながら, 積極的に社会に参画しようとしている。

特別活動

特別活動の特質と学校の創意工夫を生かすということから, 設置者ではなく, 各学校が評価の観点を定めることとしています。その際, 学習指導要領に示す特別活動の目標や学校として重点化した内容を踏まえ, 例えば以下のように, 具体的に観点を示すことが考えられます。

特別活動の記録							
内容	観点 学年	1	2	3	4	5	6
学級活動	よりよい生活を築くための知識・技能	○		○	○	○	
児童会活動	集団や社会の形成者としての思考・判断・表現		○	○		○	
クラブ活動	主体的に生活や人間関係をよりよくしようとする態度				○		
学校行事			○		○	○	

小学校児童指導要録(参考様式)様式2の記入例(5年生の例)

各学校で定めた観点を記入した上で, 内容ごとに, 十分満足できる状況にあると判断される場合に, ○印を記入します。

○印をつけた具体的な活動の状況等については, 「総合所見及び指導上参考となる諸事項」の欄に簡潔に記述することで, 評価の根拠を記録に残すことができます。

なお, 特別活動は学級担任以外の教師が指導する活動が多いことから, 評価体制を確立し, 共通理解を図って, 児童生徒のよさや可能性を多面的・総合的に評価するとともに, 確実に資質・能力が育成されるよう指導の改善に生かすことが求められます。

観点別学習状況の評価について

　観点別学習状況の評価とは，学習指導要領に示す目標に照らして，その実現状況がどのようなものであるかを，観点ごとに評価し，児童生徒の学習状況を分析的に捉えるものです。

▌「知識・技能」の評価の方法

　「知識・技能」の評価の考え方は，従前の評価の観点である「知識・理解」，「技能」においても重視してきたところです。具体的な評価方法としては，例えばペーパーテストにおいて，事実的な知識の習得を問う問題と，知識の概念的な理解を問う問題とのバランスに配慮するなどの工夫改善を図る等が考えられます。また，児童生徒が文章による説明をしたり，各教科等の内容の特質に応じて，観察・実験をしたり，式やグラフで表現したりするなど実際に知識や技能を用いる場面を設けるなど，多様な方法を適切に取り入れていくこと等も考えられます。

▌「思考・判断・表現」の評価の方法

　「思考・判断・表現」の評価の考え方は，従前の評価の観点である「思考・判断・表現」においても重視してきたところです。具体的な評価方法としては，ペーパーテストのみならず，論述やレポートの作成，発表，グループや学級における話合い，作品の制作や表現等の多様な活動を取り入れたり，それらを集めたポートフォリオを活用したりするなど評価方法を工夫することが考えられます。

▌「主体的に学習に取り組む態度」の評価の方法

　具体的な評価方法としては，ノートやレポート等における記述，授業中の発言，教師による行動観察や，児童生徒による自己評価や相互評価等の状況を教師が評価を行う際に考慮する材料の一つとして用いることなどが考えられます。その際，各教科等の特質に応じて，児童生徒の発達の段階や一人一人の個性を十分に考慮しながら，「知識・技能」や「思考・判断・表現」の観点の状況を踏まえた上で，評価を行う必要があります。

「主体的に学習に取り組む態度」の評価のイメージ

○「主体的に学習に取り組む態度」の評価については，①知識及び技能を獲得したり，思考力，判断力，表現力等を身に付けたりすることに向けた粘り強い取組を行おうとする側面と，②①の粘り強い取組を行う中で，自らの学習を調整しようとする側面，という二つの側面から評価することが求められる。

○これら①②の姿は実際の教科等の学びの中では別々ではなく相互に関わり合いながら立ち現れるものと考えられる。例えば，自らの学習を全く調整しようとせず粘り強く取り組み続ける姿や，粘り強さが全くない中で自らの学習を調整する姿は一般的ではない。

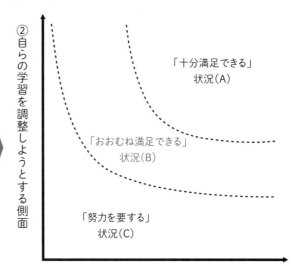

② 自らの学習を調整しようとする側面

「十分満足できる」状況（A）

「おおむね満足できる」状況（B）

「努力を要する」状況（C）

① 粘り強い取組を行おうとする側面

　ここでの評価は，その学習の調整が「適切に行われるか」を必ずしも判断するものではなく，学習の調整が知識及び技能の習得などに結びついていない場合には，教師が学習の進め方を適切に指導することが求められます。

「自らの学習を調整しようとする側面」とは…

　自らの学習状況を把握し，学習の進め方について試行錯誤するなどの意思的な側面のことです。評価に当たっては，児童生徒が自らの理解の状況を振り返ることができるような発問の工夫をしたり，自らの考えを記述したり話し合ったりする場面，他者との協働を通じて自らの考えを相対化する場面を，単元や題材などの内容のまとまりの中で設けたりするなど，「主体的・対話的で深い学び」の視点からの授業改善を図る中で，適切に評価できるようにしていくことが重要です。

「主体的に学習に取り組む態度」は，「関心・意欲・態度」と同じ趣旨ですが…
～こんなことで評価をしていませんでしたか？～

　平成31年1月21日文部科学省中央教育審議会初等中等教育分科会教育課程部会「児童生徒の学習評価の在り方について（報告）」では，学習評価について指摘されている課題として，「関心・意欲・態度」の観点について「学校や教師の状況によっては，挙手の回数や毎時間ノートを取っているかなど，性格や行動面の傾向が一時的に表出された場面を捉える評価であるような誤解が払拭し切れていない」ということが指摘されました。これを受け，従来から重視されてきた各教科等の学習内容に関心をもつことのみならず，よりよく学ぼうとする意欲をもって学習に取り組む態度を評価するという趣旨が改めて強調されました。

Column

学習評価の充実

学習評価の妥当性, 信頼性を高める工夫の例

- 評価規準や評価方法について,事前に教師同士で検討するなどして明確にすること,評価に関する実践事例を蓄積し共有していくこと,評価結果についての検討を通じて評価に係る教師の力量の向上を図ることなど,学校として組織的かつ計画的に取り組む。
- 学校が児童生徒や保護者に対し,評価に関する仕組みについて事前に説明したり,評価結果について丁寧に説明したりするなど,評価に関する情報をより積極的に提供し児童生徒や保護者の理解を図る。

評価時期の工夫の例

- 日々の授業の中では児童生徒の学習状況を把握して指導に生かすことに重点を置きつつ,各教科における「知識・技能」及び「思考・判断・表現」の評価の記録については,原則として単元や題材などのまとまりごとに,それぞれの実現状況が把握できる段階で評価を行う。
- 学習指導要領に定められた各教科等の目標や内容の特質に照らして,複数の単元や題材などにわたって長期的な視点で評価することを可能とする。

学年や学校間の円滑な接続を図る工夫の例

- 「キャリア・パスポート」を活用し,児童生徒の学びをつなげることができるようにする。
- 小学校段階においては,幼児期の教育との接続を意識した「スタートカリキュラム」を一層充実させる。
- 高等学校段階においては,入学者選抜の方針や選抜方法の組合せ,調査書の利用方法,学力検査の内容等について見直しを図ることが考えられる。

評価方法の工夫の例

全国学力・学習状況調査（問題や授業アイディア例）を参考にした例

　平成19年度より毎年行われている全国学力・学習状況調査では,知識及び技能等を実生活の様々な場面に活用する力や,様々な課題解決のための構想を立て実践し評価・改善する力などに関わる内容の問題が出題されています。

　全国学力・学習状況調査の解説資料や報告書,授業アイディア例を参考にテストを作成したり,授業を工夫したりすることもできます。

　詳しくは,国立教育政策研究所Webページ「全国学力・学習状況調査」をご覧ください。

(http://www.nier.go.jp/kaihatsu/zenkokugakuryoku.html)

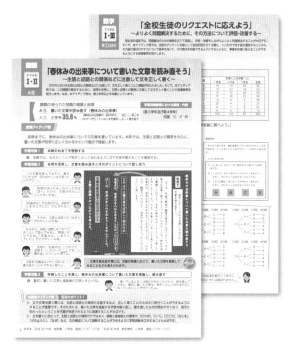

授業アイディア例

評価の方法の共有で働き方改革

　ペーパーテスト等のみにとらわれず,一人一人の学びに着目して評価をすることは,教師の負担が増えることのように感じられるかもしれません。しかし,児童生徒の学習評価は教育活動の根幹であり,「カリキュラム・マネジメント」の中核的な役割を担っています。その際,助けとなるのは,教師間の協働と共有です。

　評価の方法やそのためのツールについての悩みを一人で抱えることなく,学校全体や他校との連携の中で,計画や評価ツールの作成を分担するなど,これまで以上に協働と共有を進めれば,教師一人当たりの量的・時間的・精神的な負担の軽減につながります。風通しのよい評価体制を教師間で作っていくことで,評価方法の工夫改善と働き方改革にもつながります。

「指導と評価の一体化の取組状況」

A:学習評価を通じて,学習評価のあり方を見直すことや個に応じた指導の充実を図るなど,指導と評価の一体化に学校全体で取り組んでいる。

B:指導と評価の一体化の取組は,教師個人に任されている。

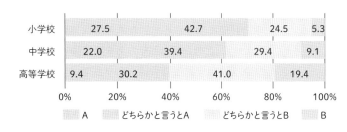

（平成29年度文部科学省委託調査「学習指導と学習評価に対する意識調査」より）

Q&A −先生方の質問にお答えします−

Q1 1回の授業で, 3つの観点全てを評価しなければならないのですか。

A. 　学習評価については, 日々の授業の中で児童生徒の学習状況を適宜把握して指導の改善に生かすことに重点を置くことが重要です。したがって観点別学習状況の評価の記録に用いる評価については, 毎回の授業ではなく原則として単元や題材などの内容や時間のまとまりごとに, それぞれの実現状況を把握できる段階で行うなど, その場面を精選することが重要です。

Q2 「十分満足できる」状況(A)はどのように判断したらよいのですか。

A. 　各教科において「十分満足できる」状況(A)と判断するのは, 評価規準に照らし, 児童生徒が実現している学習の状況が質的な高まりや深まりをもっていると判断される場合です。「十分満足できる」状況(A)と判断できる児童生徒の姿は多様に想定されるので, 学年会や教科部会等で情報を共有することが重要です。

Q3 指導要録の文章記述欄が多く, かなりの時間を要している現状を解決できませんか。

A. 　本来, 学習評価は日常の指導の場面で, 児童生徒本人へフィードバックを行う機会を充実させるとともに, 通知表や面談などの機会を通して, 保護者との間でも評価に関する情報共有を充実させることが重要です。このため, 指導要録における文章記述欄については, 例えば, 「総合所見及び指導上参考となる諸事項」については, 要点を箇条書きとするなど, 必要最小限のものとなるようにしました。また, 小学校第3学年及び第4学年における外国語活動については, 記述欄を簡素化した上で, 評価の観点に即して, 児童の学習状況に顕著な事項がある場合などにその特徴を記入することとしました。

Q4 評定以外の学習評価についても保護者の理解を得るにはどのようにすればよいのでしょうか。

A. 　保護者説明会等において, 学習評価に関する説明を行うことが効果的です。各教科等における成果や課題を明らかにする「観点別学習状況の評価」と, 教育課程全体を見渡した学習状況を把握することが可能な「評定」について, それぞれの利点や, 上級学校への入学者選抜に係る調査書のねらいや活用状況を明らかにすることは, 保護者との共通理解の下で児童生徒への指導を行っていくことにつながります。

Q5 障害のある児童生徒の学習評価について, どのようなことに配慮すべきですか。

A. 　学習評価に関する基本的な考え方は, 障害のある児童生徒の学習評価についても変わるものではありません。このため, 障害のある児童生徒については, 特別支援学校等の助言または援助を活用しつつ, 個々の児童生徒の障害の状態等に応じた指導内容や指導方法の工夫を行い, その評価を適切に行うことが必要です。また, 指導要録の通級による指導に関して記載すべき事項が個別の指導計画に記載されている場合には, その写しをもって指導要録への記入に替えることも可能としました。

文部科学省
国立教育政策研究所
National Institute for Educational Policy Research

令和元年6月
文部科学省　国立教育政策研究所教育課程研究センター
〒100-8951 東京都千代田区霞が関3丁目2番2号　TEL 03-6733-6833(代表)

「指導と評価の一体化」のための
学習評価に関する参考資料
【中学校　技術・家庭】

令和2年6月27日　　　初版発行
令和6年2月1日　　　　9版発行

著作権所有　　　　　国立教育政策研究所
　　　　　　　　　　教育課程研究センター

発　行　者　　　　　東京都千代田区神田錦町2丁目9番1号
　　　　　　　　　　コンフォール安田ビル2階
　　　　　　　　　　株式会社　東洋館出版社
　　　　　　　　　　代表者　錦織　圭之介

印　刷　者　　　　　大阪市住之江区中加賀屋4丁目2番10号
　　　　　　　　　　岩岡印刷株式会社

発　行　所　　　　　東京都千代田区神田錦町2丁目9番1号
　　　　　　　　　　コンフォール安田ビル2階
　　　　　　　　　　株式会社　東洋館出版社
　　　　　　　　　　電話　03-6778-4343

ISBN978-4-491-04139-1　　　　定価：本体1,200円
　　　　　　　　　　　　　　　　　（税込1,320円）税10%